MARIE ZEISLER
ISABEL ROBLES SALGADO

fifty fifty Eltern

humboldt

INHALT

EINLEITUNG: SO KANN GLEICHBERECHTIGTE ELTERNSCHAFT GELINGEN

Ziemlich bald nach dem positiven Schwangerschaftstest, nach den Vorsorgeuntersuchungen und der ersten großen Freude über das Baby, das die kleine Familie erweitern wird, stellen sich Paare die Frage:
Wie machen wir das mit unseren Jobs? Wer bleibt wie lange zu Hause? Wer nimmt Elternzeit? Wer kümmert sich in Zukunft um was? Ihr werdet nicht sofort die passenden Antworten finden, denn es gibt keine Musterlösungen, die auf alle Situationen passen. Erwartet also nicht zu viel – Familie werden und in die Gleichberechtigung finden, ist ein Prozess. Wir möchten euch ein wenig auf dem Weg dorthin begleiten.

Echt fifty-fifty?

Während noch bis vor Kurzem für die meisten Paare in Deutschland feststand: Mama macht die Elternzeit und kehrt danach maximal in Teilzeit in ihren Erwerbsjob zurück, wünschen sich heutzutage immer mehr Paare eine wirklich gleichberechtigte Aufteilung von Erwerbs-, Haus- und Familienarbeit. Die Realität sieht allerdings (noch) anders aus. Der Löwenanteil der Kindererziehung und all der Familienarbeit, die gemacht werden muss, fällt meistens in die Hände einer Person – und zwar in die der Frau. Die Gründe dafür sind vielfältig. Der Gender-Pay-Gap, also die Lohnlücke zwischen den Geschlechtern, spielt eine Rolle – denn es ist eine Tatsache, dass Frauen weniger verdienen, und zwar satte 21 Prozent (Stand 2018, Quelle: Statistisches Bundesamt). Das ist außerdem seit 2002 nahezu unverändert so, was zeigt: Dieses Ungleichgewicht gerät auch nicht so schnell ins Wanken. Hinzu kommt der etwas weniger bekannte Gender-Care-Gap, also der Unterschied an Zeit, die auf das Kümmern entfällt. Frauen wenden im Durchschnitt rund 52 Prozent mehr Zeit pro Tag für unbezahlte Sorgearbeit auf – sei es Kindererziehung, die Pflege kranker Angehöriger oder Arbeiten im Haushalt wie Putzen, Abspülen, Kochen.

Prägungen sind ebenfalls wichtig, denn wer selbst mit einer Vollzeit-Mutter aufgewachsen ist, bekommt dieses Bild schwer aus seinem Kopf heraus. Bei Vätern herrscht dafür oft „Versorgerdruck“. Dazu kommen Steuergesetze wie das Ehegattensplitting und andere strukturelle Faktoren, die althergebrachte Rollenbilder stützen und ihre Abschaffung erschweren. Auf diese Faktoren wollen wir in diesem Buch nicht vertiefend eingehen, auch wenn wir finden, dass viele Gesetze dringend reformiert werden müssen.

Bis im deutschen Arbeits-, Steuer- und Familienrecht die Gleichberechtigung stärker berücksichtigt wird, liegt es an den Familien, selbst für mehr Gleichberechtigung zu sorgen. Natürlich gibt es keine absolut richtigen oder objektiv besseren Lebensmodelle. Familie ist bunt. Es gibt Patchwork- und Regenbogen-Familien, Alleinerziehende, getrennt Erziehende und viele weitere Konstellationen. Familie ist da, wo Liebe ist – heutzutage muss niemand mehr eine Kleinfamilie gründen, wenn er oder sie das nicht möchte, oder dieses Konstrukt nicht funktioniert.

Dieser Ratgeber richtet sich dennoch primär an heteronormative Paare, die das Modell „Vater-Mutter-Kind(er)“ anvisieren. Dieses Buch versteht sich als eine Handreichung für alle Paare, die möglichst gleichberechtigte Eltern sein wollen. Für sie haben wir es geschrieben. Vielleicht hältst du es in den Händen, weil ein Baby unterwegs ist, vielleicht bist du auch schon seit Jahren Mutter bzw. Vater und willst das Thema nun endlich einmal angehen. Wir hoffen aber, dass wir *allen* Eltern etwas mit auf den Weg geben können. Und dabei geht es, obwohl im Titel der Begriff fifty-fifty-Eltern vorkommt, gar nicht darum, jede Tätigkeit mit der Stechuhr genau hälftig zu teilen. Sondern es geht darum, alle Bedürfnisse gelten zu lassen, und eine Familienstruktur zu schaffen, die alle glücklich macht.

Denn so richtig fifty-fifty – das ist wirklich schwierig. Alleine schon, weil man nicht alle Aufgabenbereiche genau bewerten kann: Wie viele gewechselte Windeln sind gleichzusetzen mit einer Stunde Fenster putzen? Zudem sind Menschen unterschiedlich belastbar, die Gehälter sind in der Regel nicht gleich hoch, die Interessen, Talente und Vorlieben sind ebenfalls unterschiedlich. Wir hoffen aber, euch dabei helfen zu können, zumindest ansatzweise fifty-fifty zu leben. Das Ziel ist, dass ihr das Gefühl habt, eine gleichberechtigte, gerechte und gut aufgeteilte Partnerschaft zu führen.

Denn Gleichberechtigung ist gut für eine Beziehung! Eine solche Aufteilung ist in der Regel erfüllender und fühlt sich fairer an. Zudem sind die glücklichsten Gesellschaften der Welt allesamt in Ländern (Norwegen, Dänemark, Finnland), in denen Gleichberechtigung einen hohen Stellenwert hat. Man kann also vielleicht sogar behaupten, dass sie glücklich macht!

Gleichberechtigung statt herkömmlicher Rollenverteilung

Die Sorge, Kind und Karriere unter einen Hut zu bringen, die berühmte „Vereinbarkeitsfrage“ also, plagt traditionell eher die Mütter als die Väter. Männer machen sich auch viel weniger Gedanken darüber, mit wie vielen Stunden sie wieder in den Job zurückkehren möchten. Im Umkehrschluss bleiben die unbezahlte Arbeit, das „Kümmern“ und nicht zuletzt der Haushalt eher an der Frau hängen. Warum ist das so, dass es bei vielen Paaren in Deutschland nach der Geburt des Kindes zu einer Retraditionalisierung der Geschlechterrollen, also zu einem Zurückfallen in die althergebrachte Rollenverteilung, kommt?

Dass dem so ist, ist erwiesen. Laut Zahlen des Statistischen Bundesamtes aus dem Jahr 2018 arbeiten rund 94 Prozent der erwerbstätigen Väter in Vollzeit, bei den Müttern sind es nur 34 Prozent – ein eklatanter Unterschied, besonders, wenn man bedenkt, dass die Vollzeitquote ohne den Faktor Elternschaft bei Männern bei 91 Prozent, bei Frauen bei 52 Prozent liegt und sich so vor allem für Arbeitnehmerinnen mit der Geburt des ersten Kindes alles ändert. Oft ist es ein Mix aus Strukturen und Gewohnheiten, aus Traditionen und äußeren Umständen. Sie macht schon vorher mehr im Haushalt und das bleibt dann auch so. Da die Hausarbeit sich exorbitant vermehrt, sobald ein Kind da ist, steigt auch die Zahl der Stunden, die auf diese unbezahlte Arbeit entfallen, stetig an.

Viele Frauen fühlen sich auch von vornherein stärker verantwortlich für das Kind, denn sie hatten es ja im Bauch. Sie stillen – und nehmen ein Jahr Elternzeit, er, wenn überhaupt, nur zwei Monate. Und die werden dann gerne für einen langen Urlaub genutzt. Sie geht nach der Elternzeit in Teilzeit, er wird befördert. Ihr Gehalt schrumpft zusammen, seines steigt. Diese Prozesse sind alle wissenschaftlich untersucht, es gibt Begriffe wie „Motherhood Lifetime Penalty" (zu Deutsch etwa: lebenslange Strafe für Mutterschaft) und „Fatherhood Premium" (in etwa: Vaterschafts-Bonus) – denn je nach Alter verdienen Männer sogar häufig mehr, wenn sie Kinder bekommen. Frauen natürlich nicht, laut einer neuen Bertelsmann Studie erhalten sie nach dem ersten Kind nach dem Wiedereinstieg in den Job sogar 43 Prozent weniger Gehalt als gleichaltrige Männer, nach dem zweiten Kind vergrößert sich die Lücke auf 54 Prozent und nach dem dritten sogar auf 68 Prozent.

Die Geburt eines Kindes führt für Frauen also zu großen sozialen Ungleichheiten. Jahrelange Auszeiten aus dem Job, sowie Teilzeitanstellungen haben massive Auswirkungen auf das Lebenseinkommen – Mutterschaft ist finanziell gesehen eine Strafe. Dadurch wird es mit den Jahren auch immer schwerer, eine Beziehung „auf Augenhöhe" zu führen. Bei Paaren, die sich in einem traditionellen Modell wiederfinden, obwohl sie insgeheim vielleicht immer noch den idealistischen Anspruch der ersten Tage haben, driften die Leben der Partner immer mehr auseinander, die Enttäuschung über die neue Lebensrealität wächst.

Das klassische Familienmodell – der Mann ist der Ernährer der Familie und die Frau Hausfrau – ist eigentlich ein Auslaufmodell, allein schon, weil ein Gehalt meistens gar nicht mehr reicht, um eine Familie zu versorgen. Sehr viele Paare wollen so auch nicht mehr leben. Das in Deutschland in heteronormativen Familien am häufigsten gelebte Modell ist die Zuverdiener-Ehe (oder eheähnliche Partnerschaft): Er arbeitet in Vollzeit, sie in Teilzeit. In vielen Fällen übernimmt die Frau zusätzlich zu ihrem Teilzeitjob aber auch noch den Großteil aller familiären Aufgaben, des Haushalts und der Mental Load, und sie investiert in der Regel auch mehr Zeit in die Betreuung der Kinder.

Diese Zuverdiener-Aufteilung ist in vielen Fällen fast noch ungerechter als das „ganz klassische" Modell, denn Frauen übernehmen extrem viel Verantwortung, sind entsprechend häufig völlig überlastet, verdienen aber proportional deutlich weniger Geld und bekommen in der Regel auch wenig Anerkennung in ihrem Teilzeitjob. Dafür gibt es den Begriff „Doppelbelastung". Und, wie der Name schon sagt: Das kann unheimlich anstrengend sein.

Fifty-fifty ist auch Einstellungssache. Wer den anderen Partner und seinen Job wirklich als gleichberechtigt wahrnimmt, wird automatisch anders handeln. Wenn das der Fall ist, wird ein Paar ohnehin immer abwägen und dem anderen den Raum für seine Entfaltung geben. „Wenn man jemanden liebt, dann will man, dass diese Person ihr volles Potenzial ausschöpfen kann", schreibt die Autorin Malin Elmlid in ihrem Buch „Dein Mutterpass" (S. 55). Und sollte das nicht für alle Familienmitglieder gelten? Im klassischen Modell ist es leider in den meisten Fällen so, dass die Frau ihr Potenzial eben nicht ausschöpfen kann. Es kann sehr erfüllend sein, sich einige Jahre komplett um die Kinder zu kümmern. In der Regel ist es das aber auf Dauer nicht.

Dennoch ist klar, dass eine gleichberechtigte Aufteilung der Erwerbs- und Sorgearbeit nicht in allen Beziehungen funktioniert, selbst wenn sie gewollt ist. Es gibt Strukturen, die man nicht überwinden kann, zum Beispiel, wenn ein Partner krank ist, wenn ein Kind krank ist, einen besonderen Betreuungsbedarf oder eine Behinderung hat. Auch wenn ein Partner einen extrem verantwortungsvollen und zeitintensiven Job hat, ist reduzieren manchmal nicht möglich. Kurz: Es gibt Konstellationen, in denen eine gleichberechtigte Aufteilung von Erwerbsarbeit, Care-Arbeit, Mental Load und Freizeit sehr kompliziert ist. Eine Beziehung kann dennoch auf Augenhöhe sein, aber auch eine gerechte Aufteilung ist in den allermeisten Familien eher eine Frage des Wollens als des Könnens! Wir werden euch verschiedene Szenarien aufzeigen und hoffen, dass auch für euren individuellen Fall etwas dabei ist, damit ihr optimale Bedingungen schaffen könnt, um auf lange Sicht wirklich alles zu teilen.

Es gibt viele, sehr gute Gründe, sich für eine gerechte Aufteilung zu entscheiden

- Frauen machen sich in gleichberechtigten Beziehungen viel weniger abhängig, was gerade im Falle einer Trennung von großem Vorteil ist, und ihr Risiko für Altersarmut sinkt.
- Die Beziehungen sind oft glücklicher und finden häufiger auf Augenhöhe statt, wenn beide die unterschiedlichen Anforderungen des jeweils anderen Elternteils nachvollziehen können, weil sie beide Perspektiven kennen.
- Beide Elternteile haben eine gleichwertige Bindung zum Nachwuchs, es gibt nicht das immer wieder überspitzte „Nicht die Mama“–Phänomen aus der Kinderserie „Die Dinos“: wenn die Kinder bei allen Belangen automatisch nur nach Mama verlangen und Papa eben nur „nicht die Mama“ ist. Sondern ihr habt abwechselnde Phasen, in denen mal Papa, mal Mama der Favorit ist.
- Im Idealfall wird auch die freie Zeit gerecht geteilt und jeder Partner kann diese jederzeit einfordern, weil der andere nahtlos übernehmen kann – es bleibt in der Folge also für die Erwachsenen mehr Zeit für sich, „Me-Time“, wie man heute so schön sagt.
- Kinder machen nicht das, was wir sagen, sondern das, was wir tun – nicht zuletzt ist es auch für die Kinder ein großer Vorteil, wenn sie eben nicht die klassischen Rollenbilder vorgelebt bekom-

men. Sie haben so in ihrem eigenen Erwachsenenleben mehr Wahlfreiheit und sind frei von der unbewussten Reproduktion traditioneller Geschlechterrollen.
- Ein gleichberechtigtes Familienleben fühlt sich meist erfüllter an als eine starre Rollenverteilung. Für beide Elternteile gibt es nicht nur eines: entweder Job oder die Kinder. Und in vielen Fällen haben Eltern so auch mehr Zeit für die Beziehung und für die Familie.

Wie kann man es schaffen, als Eltern weitgehend gleichberechtigt zu leben? Welche Hürden muss man dafür überwinden, welche Rollenbilder im Kopf bearbeiten? Welche Themen ansprechen und wann? Wo sind die Fallen? In diesem Buch wollen wir euch Ideen und Inspirationen bieten, die euch hoffentlich dabei helfen, die Beziehung, in der ihr lebt, gerechter zu gestalten.

Gleichberechtigung bedeutet nicht, dass beide Elternteile ganz genau die Hälfte der anfallenden Aufgaben übernehmen müssen. Gleichberechtigung sollte vielmehr bedeuten, dass PartnerInnen die Möglichkeit haben, zu entscheiden. Welcher Weg sich am Ende für euch gerecht anfühlt, das bestimmt ihr. Im Idealfall schafft ihr es, dass die Bedürfnisse aller eine Rolle spielen und ein ähnliches Gewicht haben. Und dass die Frau eben am Ende der langen Reise, die Elternschaft ja ist, nicht die Leidtragende ist, sei es, weil sie viele Jahre völlig erschöpft war oder in Sachen Altersvorsorge zu kurz kam.

Wir versuchen auf die verschiedensten Konstellationen einzugehen und möglichst viele Paare abzuholen. Am besten, ihr pickt euch heraus, was für euch passt. Am Ende gilt das, was immer gilt, wenn es um Elternschaft, Erziehung, Familie und Partnerschaft geht: Es gibt nicht *den einen* Weg, viele Wege führen zu einem harmonischen Familienleben. Ihr sucht euch einfach den Weg aus, der zu eurer

Familie am besten passt. Wir hoffen, euch bei diesem Prozess unterstützen zu können!

Aber natürlich ist fifty-fifty auch eine Lernerfahrung – auch wir haben beide nicht von Anfang an alles so gemacht, dass es perfekt passte, sondern vielmehr immer wieder Fehler gemacht, diese korrigiert, unser Lebensmodell und die Aufteilung der Aufgaben in der Partnerschaft angepasst.

Isabels persönliche Geschichte

Wenn mein Partner das seltsame Kompliment bekommt, er sei so ein engagierter Vater, dann kommen mir immer zwei Gedanken. Erstens: Was ist daran toll, sich um seine eigenen Kinder und alles, was sie so mit sich bringen, zu kümmern? Frauen bekommen diese Anerkennung für das Kümmern und alles andere, was mit Kindern, Haushalt und Familie zu tun hat, nie. Von ihnen wird es selbstverständlich erwartet. Zweitens: Ich hätte auch nie mit einem Mann, der Vaterschaft anders handhabt, Kinder bekommen.

Das klingt krass, denn wenn man sich verliebt, hat man selten im Hinterkopf, ob der Mann des Herzens wohl Waschmaschinen bedienen, Windeln wechseln und Strumpfhosen richtig anziehen kann, oder ob er gewillt ist, sich an der Kindererziehung und im Haushalt gleichwertig zu beteiligen. Aber unbewusst war es bei mir vermutlich wirklich so, dass ich mich auch deshalb so in diesen Mann verliebt habe, weil mir klar war: Mit dem kann ich Familie so leben, wie ich mir das vorstelle.

Ich muss dazu sagen, dass ich mit einer alleinerziehenden Feministin als Mutter aufgewachsen bin. Und so nervig ich das als Kind fand, so froh bin ich heute darüber. Denn ich habe nie besonders große Erwartungen an mich als Mutter gehabt. Wenn die Kinder einigermaßen sauber, satt und glücklich sind, dann reicht mir das eigentlich, platt ausgedrückt. Ich bin eine lausige Köchin, spiele nicht gerne, kann nicht stricken, nicht nähen und das Basteln habe ich erst nach vielen Jahren für mich entdeckt. Dafür lese ich gerne vor. Dennoch bin ich für ganz viele Frauen sicher nicht das, was man unter einer tollen Vorzeigemutter gemeinhin versteht. Und das war auch immer okay für mich.

Wenn man so will, war ich immer sehr egoistisch. Und ich denke, dass hier meine Mutter und ihr Verständnis von Muttersein eine Rolle spielt. Sie war selbst alles andere als eine Vorbildmama. Das fand ich als Kind oft nicht so super. Heute merke ich, wie erleichternd es ist, wenn man mit einer „good enough"-Mutter, also einer, die ganz gut, aber eben nicht perfekt war, aufgewachsen ist. Auch jetzt, als Großmutter, stellt meine Mutter keinerlei Erwartungen an mich oder bewertet mein Verhalten als Elternteil. Nie.

Unser Sohn wurde 2013 geboren. Die Schwangerschaft haben mein Partner und ich schon so gut wie möglich zusammen gerockt. Das bedeutet: Er war bei den Vorsorgeterminen bei der Frauenärztin dabei und hat sich regelmäßig mit der Hebamme ausgetauscht. Wir haben die Geburt gemeinsam geplant (so weit man das kann), haben alle Besorgungen zusammen erledigt, und wir haben auch genau besprochen, wie wir uns das alles in den kommenden Jahren vorstellen. Wir wollten auch weiterhin alle Rechnungen gemeinsam bezahlen, die Berufstätigkeit von beiden sollte gleich wichtig sein, die Hausarbeit wollten wir auch weiterhin teilen und alles, was sonst so mit dem Kind dazukommen würde, auch.

Die Elternzeit hatten wir genau hälftig aufgeteilt (jeder sieben Monate), wir haben unserem Baby früh das Fläschchen gegeben (anfangs mit abgepumpter Milch), um mir als Mutter zu garantieren, dass ich auch mal wegkann. Mit 14 Monaten wurde das Kind in der Kita eingewöhnt, die Betreuung an den Nachmittagen teilten wir ausgewogen auf.

Mit einem Kind haben wir unsere gleichberechtigte Elternschaft also wirklich vorbildlich gestemmt. Wir hatten keine strengen Pläne, alles hat sich immer je nach Jobsituation, Verteilung der individuellen Kräfte und persönlicher Veranlagung und Eignung ergeben. Mein Partner ist zum Beispiel eher der Frühaufsteher. Das erste Jahr mit unserem Sohn, in dem dieser meist schon um sechs Uhr wach war, habe ich also sehr selten die ersten Stunden mit dem Kind machen müssen. Dafür übernahm ich nach diesen sehr frühen Stunden die Betreuung wieder. Mir machte Wäsche aufzuhängen mehr Spaß, er kochte gerne, mal durfte er abends allein was unternehmen, mal konnte ich mit Freundinnen ausgehen. Richtig fair!

Unser zweites Kind wurde drei Jahre später geboren, und tatsächlich sind wir im Anschluss an die Geburt in eine Falle getappt: bei der Aufteilung der Elternzeit. Ich wollte mir bei diesem Kind mehr Zeit nehmen, mein Partner hatte mich schon in der Schwangerschaft beruflich und gehaltsmäßig „überholt“ und war nicht an einer großen Pause interessiert. Ich hingegen schon. Ich nahm dieses Mal elf Monate Elternzeit, er nur drei. Und diese drei Monate haben wir im Ausland verbracht. Das war toll, aber mein Partner hatte den Alltag mit zwei Kindern tatsächlich noch nicht einen einzigen Tag so richtig alleine gewuppt, als meine Tochter ein Jahr alt wurde. Als sie 16 Monate alt war, wollte ich wieder richtig arbeiten, mein Partner war mir in Sachen Gehalt und beruflichem Erfolg noch weiter davongelaufen und ich hatte ernsthaft Bedenken, ob wir das noch hinbekommen würden mit der Gleichberechtigung. Es kann also wirklich jedem Paar passieren!

Viele Gespräche und Pläne, Finanzen überdenken und ein Netzwerk spinnen später, würde ich heute sagen: Wir haben es geschafft. Wir arbeiten wieder etwa gleich viel, verdienen zwar unterschiedlich, versuchen aber, das anders auszugleichen. Wir kümmern uns gleichwertig um die Kinder, haben wieder unsere Aufgabenbereiche, aber jeder kann zu 100 Prozent übernehmen, wenn der andere ausfällt. Mein Partner denkt daran, wenn die Zahnpasta aus ist, neue zu kaufen, er schneidet die Nägel der Kinder, er kocht weiterhin fast immer und kümmert sich auch um den Lebensmitteleinkauf. Ich bin für Kleidung zuständig, mache mehr Planung, koordiniere die Nachmittage der Kinder, und bin für die Wäsche verantwortlich. Die Kinderbetreuung teilen wir hälftig auf, beide Elternteile haben ungefähr gleich viel Freizeit und wir achten darauf, dass wir beide unsere Hobbys pflegen können.

Ich kann also bestätigen, dass man das mit fifty-fifty auch hinbekommt, wenn es zwischendurch schon einmal anders war. Dazu gehört viel zu reden, viel zuzuhören. Der Prozess ist verbunden mit Selbstreflexion und Arbeit. Und so geht das auch weiter, wenn man es geschafft hat: Noch heute stecken wir regelmäßig ab, wie wir alle Aufgaben aufteilen, wer sich wie behandelt und gesehen fühlt, wer ausgelaugt ist, wer welche Bedürfnisse hat. Wir diskutieren, teilen neu auf, verhandeln. Es ist weiterhin viel Arbeit, aber es lohnt sich!

Maries persönliche Geschichte

Meine zwei Kinder haben unterschiedliche Väter. Auch die jeweiligen Erfahrungen könnten nicht unterschiedlicher sein. Fangen wir beim ersten Kind an: Ich war mit 26 Jahren noch verhältnismäßig jung, die Beziehung verlief eher als eine On-off-Affäre und zudem kannten wir uns nur kurze Zeit, als ich schwanger wurde. Erst als ich im achten Monat war, zogen wir zusammen. Ich zog bei meinem damaligen Freund ein. Schnell zeigte sich: Wir hatten komplett unterschiedliche Vorstellungen davon, wie es laufen sollte. Nur einmal sprachen wir über die Zeit nach der Geburt und ich, unbedarft und ohne Vorstellungen davon, wie es werden würde, sagte gleich den zwölf Monaten Elternzeit alleine zu.

Das Baby kam und es war klar, dass ich für alles, was das Kind anging, verantwortlich sein würde. So zog es sich durch die gesamte Elternzeit. Ich merkte immer mehr, dass ich es anders wollte, fühlte mich alleingelassen und ungerecht behandelt. Seine Einstellungen entsprachen denen der ganz alten Schule, und da war alles, was das Kind anging, mein Territorium. Aber auch in mir wirkten noch Rollenvorbilder nach, die ich als Kind mit auf den Weg bekommen hatte. Ich stamme aus der ehemaligen DDR. Dort war es zwar normal, dass Frauen arbeiteten, aber sich auch gleichzeitig um den Haushalt und die Kids kümmerten. Irgendwie spürte ich auch noch den Druck, dass *ich* die *Mama* sei und damit die Hauptverantwortliche für alles, was das Kind anging. Auch heute ist dieser Druck noch nicht hundertprozentig verschwunden.

Immer noch denke ich manchmal: Ich bin die Mama und damit bin ich immer noch ein winziges Stückchen mehr verantwortlich für die Kinder. Vielleicht kann man die Art, wie man sozialisiert wurde, nie ganz ablegen. Vielleicht ist das aber auch nicht so schlimm, wenn wir uns dessen bewusst sind, und jede unserer Entscheidungen hinterfragen.

Der Vater meines ersten Kindes und ich trennten uns, als das Kind ein Jahr alt wurde. Es sollte sechs Jahre dauern, bis das zweite Kind kam. Dieses Mal war ich älter, hatte viel Erfahrung im Gepäck und wusste, was ich mir vorstellte. Ich wollte einen Partner auf Augenhöhe und wünschte mir eine Familie, in der wir fair, respektvoll und gleichberechtigt miteinander umgehen. Schon in der Schwangerschaft redeten wir regelmäßig und lange über unsere Vorstellungen. Wir hörten gemeinsam Podcasts zu Elternthemen. Es war klar, dass wir nicht in alte Rollenbilder kippen wollten – in der Theorie. Als das

Kind da war, merkten wir, dass all die Dinge, die wir uns vorgenommen hatten, in der Umsetzung schwerer waren als gedacht.

Es fing damit an, dass mein Partner zwar seinen Jahresurlaub von vier Wochen auf die Zeit nach der Geburt gelegt hatte, aber dass sich unser Baby natürlich nicht an unseren Terminplan hielt, sondern früher kam. Also war ich die erste Woche des Wochenbetts tagsüber doch alleine (was nicht so schlimm war, denn ich organisierte mir anderweitig Hilfe). Anschließend war mein Partner aber endlich vier Wochen zu Hause, und es war so gut! Wir hatten wirklich die Möglichkeit, als Familie gemeinsam anzukommen. Er kümmerte sich um alles, ich konnte im Bett liegen und mich regenerieren und auch für meinen großen Sohn da sein, für den das Baby ja auch eine Umstellung bedeutete.

Die nächste Hürde war dann die Aufteilung der Elternzeit, denn ich wusste: So wie beim ersten Kind wollte ich es nicht noch einmal handhaben. Auch hier stimmte er zu: Klar, wir teilen die Elternzeit auf! Beruflich war das dann nicht so einfach, wir mussten einen finanziellen Puffer zurücklegen und ganz hälftig klappte es am Ende doch nicht. Aber fast! Und der Unterschied ist riesig.

Diesmal habe ich wirklich das Gefühl, wir machen das gemeinsam. Ich finde es so angenehm, nicht erklären zu müssen, warum das Baby gerade quengelt, sondern dass der Vater intuitiv durch die Babyzeit weiß, warum unser Sohn in diesem Moment so oder so drauf ist. Es ist so schön, nicht die Hauptverantwortliche zu sein. Ich merke förmlich, welche Leichtigkeit es bedeuten kann, ein Kind zu haben, wenn nicht alles an einem hängt, sondern wenn man sich die Fürsorge teilt. Auch für unsere Paarbeziehung ist das toll, denn wir wissen beide, was es heißt, einen Tag mit dem Baby alleine zu verbringen und haben Respekt für den jeweils anderen, weil wir unsere Lebenswelten kennen und teilen.

Wir sind in einer gleichberechtigten Situation und finden gemeinsam immer wieder Lösungen für den Alltag. Natürlich heißt das, manchmal auch abzuwägen, zu schauen, wo Abstriche gemacht werden können. Ich war vorher die meiste Zeit allein- oder auch teilerziehend mit dem ersten Kind. Die Erfahrung, sich gemeinsam um ein Kind und den Haushalt zu kümmern, ist neu für mich. Manchmal merke ich auch, dass es mir viel abverlangt, nicht einfach mein Ding durchzuziehen. Die ständigen Absprachen, das Abwägen – auch das ist neu für mich. Aber das ist es wert. Und ich könnte mir glatt vorstellen, noch Kind Nummer drei zu bekommen, wenn es so läuft wie jetzt!

WO FANGEN WIR AN?

Falls du gerade schwanger bist: Schon klar, es macht viel mehr Spaß, kleine Bodys zu shoppen und das Babyzimmer einzurichten, als über die Verteilung der Hausarbeit zu sprechen. So viel mehr! Die Wahrheit ist jedoch, dass Babys fast nichts brauchen (vor allem kein Babyzimmer, aber das ist eine andere Geschichte). Und dass die Gespräche über „Wie wollen wir das eigentlich alles machen, wenn das Baby da ist?" wirklich wichtig und zukunftsbestimmend sind. Wir wollen den Teufel nicht an die Wand malen, aber wir würden sogar behaupten, dass es diese Absprachen sind, die darüber entscheiden, wie gut man als Eltern und als Paar klarkommt – oder ob man scheitert.

Vor der Geburt des Kindes

Auch wenn es Überwindung kostet, auch wenn man gerade in der Schwangerschaft harmoniebedürftig ist: Die Fragen, wer wie viele Stunden pro Woche arbeitet, wer das Projektmanagement für die Familie übernimmt, wie die Finanzen geklärt sind und wer wen wann auf welche Weise unterstützt, müssen beantwortet werden. Auch wenn es erst einmal unromantisch erscheint und ganz weit weg: Je mehr klar abgesprochen wurde, desto stärker profitieren am Ende alle. Denn schon die ersten Monate als Eltern sind wichtig, damit sich traditionelle Aufgabenteilungen und Zuschreibungen gar nicht erst einschleichen.

Die werdenden Eltern gehen in der Regel mit ungleichen Ausgangssituationen in die Diskussion um die Aufteilung der Verantwortung und der Elternaufgaben hinein. Autor und Blogger Jochen König bringt es auf den Punkt: „Väter haben in den meisten Fällen viele Möglichkeiten, mit der eigenen Rolle umzugehen. Sie können die klassische Rolle des Familien-Ernährers wählen oder die des‚modernen‘ Vaters, der sich für sein Kind engagiert. Die Wahlmöglichkeiten der Mütter sehen ganz anders aus. Wenn der Vater keine Lust hat, ein‚moderner‘ Vater zu sein, liegen sie irgendwo zwischen: beim Kind bleiben und beim Kind bleiben. Und selbst wenn ein Vater für eine 50/50-Aufteilung plädiert, liegen die Möglichkeiten der Mutter immer noch nur zwischen beim Kind bleiben und die Hälfte der Zeit beim Kind bleiben. Von Müttern wird häufig wie selbstverständlich erwartet, dass sie ihre Mutterrolle erfüllen, indem sie (notfalls auch alleine) beim Kind bleiben.“

Dieser Ungleichheit solltet ihr euch vor den Gesprächen bewusst sein. Gerade für den (werdenden) Vater ist das wichtig. Und auch schön! Denn er hat so viele Möglichkeiten, so viele Chancen, sich aktiv am Familienleben zu beteiligen. Und er ist es auch, der viel bewegen kann, für sich, seine Familie, aber auch für andere Väter in seinem Umfeld und Arbeitsumfeld.

Es ist völlig klar, dass die Frau das Baby im Bauch hat und von Anfang an viel enger, körperlicher, unmittelbarer in der ganzen Geschichte drinsteckt. Man könnte daraus folgern, dass sie sich eben dann auch um alles kümmert. Man könnte aber auch sagen: Sie trägt das Kind ja schon aus. Also könnte er ja alles drum herum organisieren!

ALLTAGSTIPP: RECHTZEITIG KÜMMERN

Im Idealfall teilt man frühzeitig ein paar Aufgaben auf – das kann man sogar in der Schwangerschaft machen, zum Beispiel:

- Wer kümmert sich um die Recherche, welcher Kinderwagen gekauft wird?
- Wer kümmert sich um einen Betreuungsplatz? (Je nachdem, wann das Kind betreut werden soll, ist es tatsächlich sinnvoll, das schon in der Schwangerschaft anzugehen)
- Wer liest die Erziehungsratgeber?
- Wer kauft die Dinge ein, die für das Wochenbett notwendig sind?
- Wer kümmert sich um den Geburtsort (an vielen Orten muss man sich in Kliniken/Geburtshäusern anmelden)?
- Wer besorgt das Beistellbettchen?
- Wer beschafft die Babytrage?
- Wer sucht einen Kinderarzt?

KOMMENTAR
Eine Freundin sagte mal zu mir: „Kinder erziehen ist nicht schwer. Aber parallel noch eine Beziehung aufrechtzuerhalten, das ist eine Herausforderung". So habe ich das auch empfunden. Die Liebesbeziehung wird mit Kindern auf eine harte Probe gestellt! Mir hat es sehr geholfen, dass

ich immer die Paarbeziehung als Kern unserer Familie betrachtet habe. Wir sind in der Familie ein Team, wir sind alle gleich viel wert, und das Ziel ist, dass alle glücklich sind. Dafür ist es wichtig, dass beide Eltern genug Zeit für sich bekommen – zu zweit und auch alleine – um Energie zu tanken. Ich persönlich hatte richtig Angst vor einer traditionellen Rollenverteilung und habe das Thema schon früh angesprochen, genau wie Finanzen, Sex und andere Themen, die viele als unangenehm empfinden. Wenn man langfristig will, dass Aufgaben, Verantwortung und die Freude an den Kindern fair verteilt werden, macht es Sinn, das gleich am Anfang zu klären. Das heißt nicht, dass eine bestimmte Rollenverteilung richtig oder falsch wäre. Aber wer keine traditionelle Verteilung möchte, sollte von Anfang an klar und deutlich darüber sprechen. Sonst rutscht man da automatisch rein. Es ist auch nicht so, dass man die Aufgaben dann nie wieder umverteilen könnte. Aber es ist schlicht und ergreifend einfacher, wenn man noch in der Schwangerschaft die kritischen Punkte klärt.

Malin Elmlid (schwedisch-deutsche Autorin)

Wenn ihr schon mittendrin steckt

Es gibt viele Gründe, das Leben in einer Partnerschaft gerechter gestalten zu wollen. Auch wenn ihr bisher eher traditionell gelebt habt, haben wir viele Tipps für euch, wie ihr euch von jetzt an eher gleichberechtigt aufstellen könnt.

Es ist nie zu spät, das Thema Gleichberechtigung anzugehen

Selbst Paare, bei denen die Rollenverteilung über Jahre „klar“ war, können irgendwann anfangen, diese infrage zu stellen und vielleicht auch zu ändern, oder sogar umzukehren, siehe auch den „Papa-Test“ im Kapitel „Die Eltern-Checklisten“ am Schluss des Buchs. Das Leben verläuft in den seltensten Fällen geradlinig. Vielleicht hast du dir als Mutter nach der Geburt des Kindes oder der Kinder sogar gewünscht, zu Hause zu bleiben und die Care-Arbeit alleine zu übernehmen. Aber nun fühlt es sich ganz anders an. Es kam einfach alles nicht so, wie du es dir vorgestellt hattest. Vielleicht hat sich im Job eine neue Möglichkeit eröffnet, die du unter den momentanen Gegebenheiten nicht annehmen kannst? Vielleicht hast du dich als Vater zunächst als Ernährer gesehen, aber nach einiger Zeit stellst du fest, dass du mehr Zeit mit der Familie verbringen willst? Vielleicht haben sich auch bei dir beruflich die Parameter verändert und du sehnst dich nach einer Veränderung?

Ihr seht, die Gründe, etwas verändern zu wollen, sind vielseitig.

Warum unterschiedliche Standards problematisch sind

Allerdings haben sich in Beziehungen, die lange Zeit eher klassisch aufgestellt waren, sehr oft unterschiedliche Standards eingeschlichen. Ein Paradebeispiel ist der „Schönwetter-Papa", der nur selten Zeit mit den Kindern verbringt und dann immer ganz besondere Sachen mit ihnen macht. Kino, Kletterhalle, Zoo – bloß kein Alltag. Da wird dann auch gerne mal das zweite Eis erlaubt und mit dem Ins-Bett-Gehen und Zähneputzen muss man es auch nicht so ernst nehmen. Mütter, die andere Routinen eingeführt hatten, frustriert das verständlicherweise. Denn es ist einfach, ein Auge zuzudrücken, wenn man weniger Zeit mit den Kindern verbringt. Es ist immer spaßiger der „good cop", also der freundliche Part im Ermittlerduo, zu sein.

Wer gleichberechtigt leben will, muss sich auch hier ein paar eventuell unangenehmen Gesprächen stellen. Warum sind einem Elternteil gewisse Standards wichtig, kann der andere diese respektieren und wenn nein, warum nicht? Die Kinder werden im seltensten Fall Schaden nehmen, wenn ein Elternteil es anders macht, aber vielleicht kann man Kompromisse finden, mit denen alle sich wohlfühlen.

Es mag klischeehaft klingen, aber wenn wir uns so umhören, sind es immer die gleichen Dinge, die Frauen an ihren Männern im Umgang mit den Kindern bemängeln:

- sehr bunt zusammengewürfelte Kleidung
- nicht dem Wetter entsprechende Kleidung
- keine Wechselsachen, Getränke, Snacks dabei
- bei langen Haaren: nicht gekämmte, verfilzte Haare
- zu viele Ausnahmen (das zweite Eis, die weitere Serienfolge)
- abends toben, obwohl Bettgehzeit ist
- kaum Fokus auf gesunde Ernährung
- unangebrachte Strenge/unangebrachte Lockerheit

Viele Dinge sind vielleicht auch vernachlässigbar, und man kann wirklich mal ein Auge zudrücken. Jeder hat andere Standards und andere Strategien. Wenn die Kinder aber nach zwei Tagen mit Papa völlig übermüdet und überzuckert sind und danach die Mama dran ist und gefühlt „alles ausbaden“ muss, ist niemandem geholfen. Genauso wenig, wenn ein Kind im Oktober im T-Shirt in den Kindergarten geht und am nächsten Tag krank ist. Sprecht einzelne Situationen durch und erklärt, warum euch bestimmte Punkte, Dinge oder Vereinbarungen wichtig sind. Nehmt einander unbedingt ernst und versucht, Kompromisse zu finden.

Man kann auch nach Jahren nach mehr Gleichberechtigung streben, wenn die Fronten noch nicht zu sehr verhärtet sind. Es kann allerdings sein, dass dann mehr Nachjustieren, und noch mehr Gespräche und Absprachen nötig sind.

ALLTAGSTIPP: TRAUT DEM ANDEREN ETWAS ZU

Für Mütter:

- Gebt dem Partner Zeit, sich in der neuen Rolle zurechtzufinden.
- Lernt, Aufgaben abzugeben.
- Lasst ihn machen. Oft sind seine Strategien anders, aber nicht schlechter.
- Nur wenn ihr akzeptiert, dass euer Weg nicht der einzig richtige ist, nähert ihr euch der Gleichberechtigung.

Für Väter:

- Nehmt die Belange der Partnerin ernst. Sie hat lange Zeit den Laden (fast) alleine geschmissen, kennt die Kinder vielleicht wirklich besser und hat Routinen und Standards erarbeitet, die ihr den Alltag erleichtern und die ihr wichtig sind.
- Kommuniziert auf Augenhöhe.
- Versucht, ihr entgegenzukommen und ihre Themen nicht als Nichtigkeiten abzutun.

Ihr seid nicht allein

Bei einer Sache könnt ihr euch sicher sein: Es gibt viele Paare, die genau diese Konflikte austragen und versuchen, Lösungen für ähnliche Probleme zu finden. Teilhabe, Gleichberechtigung und Beziehungen auf Augenhöhe sind ein Ideal, nach dem viele streben – den wenigsten gelingt das auf Anhieb. Bloß, weil man zu Beginn falsche Parameter gesteckt hat, bedeutet das also nicht, dass man so weitermachen muss. Macht euch frei von dem Gedanken, nur euch würde es so gehen.

Welche Art von Eltern wollen wir sein?

Hier geht es nicht um Erziehungsideale, sondern um Rollenbilder. Denn wir finden: Bevor wir damit anfangen, euch Tipps zu geben, wie ihr die anstehenden Aufgaben gerechter aufteilen könnt, ist es wichtig, dass ihr euch darüber Gedanken macht, wie ihr euch selbst als Mutter oder Vater seht oder sehen wollt.

Jeder von uns hat tief verankerte, teilweise auch idealisierte und von verschiedensten Ideologien beeinflusste Vorstellungen von Elternschaft, Bilder und Erwartungen an Mutterschaft und Vaterschaft im Kopf. Diese werden oft ganz unbewusst wirksam, wenn man selbst Mutter oder Vater wird. Jeder hat sie!

Ein guter erster Schritt ist also, sich zu fragen, mit welchen Rollenbildern man selbst aufgewachsen ist. Diese wirken natürlich nach, können aber auch dazu führen, dass man es bewusst anders machen möchte als die eigenen Eltern.

Mutterbild: Ideale, Glaubenssätze, Druck

Mutter! Was denkst du, wenn du dieses Wort hörst? Welche Gefühle und Ideale verbindest du damit? Was passiert in deinem Kopf und in deinem Bauch, wenn du an deine eigene Mutter denkst? Ist es ein warmes oder eher ein verhärtetes Gefühl? Selbst, wenn wir uns noch so viel Mühe geben: Niemand kommt an Prägungen, Vorbildern und gewissen Vorstellungen vorbei. Wir starten nicht „neutral“ in das Abenteuer Elternschaft. Und ja, Mütter haben es da nicht wirklich leicht. Denn es gibt ein gesellschaftlich tief verankertes, zum Teil sehr antiquiertes Mutterbild, das allen Frauen, ob sie nun Kinder haben (wollen) oder nicht, im Nacken sitzt. Dies kann enormen Druck verursachen und eigene Entscheidungen beeinflussen.

„Mutterschaft ist mit Geborgenheit, Liebe, Häuslichkeit und Fürsorge verbunden“, schreibt die Autorin und Kleinkindpädagogin Susanne Mierau in ihrem Buch „Mutter sein“ (S. 22). „In unseren Köpfen, aber auch in den Repräsentationen von Mutterschaft in unserem Alltag, die für die Aufrechterhaltung und Ergänzung dieses bestehenden inneren Bildes weiter sorgen.“ Und obwohl mittlerweile die allermeisten Mütter eher das Leitbild der vereinbarkeitsorientierten als der Vollblut-Mutter leben, ist in der Gesellschaft und in den Köpfen noch immer auch das andere Ideal vertreten. Das führt zu einem immerwährenden Konflikt: Frauen haben ein schlechtes Gewissen wegen eines traditionellen Mutterbildes, das sie in der Mehrheit eigentlich gar nicht mehr leben wollen. Das liegt häufig auch an der eigenen Mutter. War sie mit den Kindern zu Hause? Hat sie sich aufgeopfert? Hat sie vielleicht sogar heute noch eine ganz genaue Meinung zum Thema Mutterschaft und tut diese auch kund? Oder war sie berufstätig, wenig da, hat vielleicht selbst schon ganz stark mit diesem verflixten Mutti-Ding gehadert? Manche Frauen wollen es unbedingt anders machen als ihre eigene Mutter. Ob in die eine oder die andere Richtung, ist dabei eigentlich gar nicht so wichtig: Der Konflikt bleibt der gleiche.

Im Kapitel „Die Eltern-Checklisten“ findest du Checklisten mit vielen Fragen, die du dir stellen kannst, wenn du möchtest. Nicht alle Antworten auf diese Fragen musst du bis zum Ende durchdenken, aber wenn du sie für dich beantwortet hast, kannst du sicher schon viel besser einordnen, welche Rollenbilder du im Kopf hast und welchen Weg du dir idealerweise vorstellst. Vielleicht kommt dann dabei heraus, dass du die „Ich schaffe alles“-Mutter sein willst. Also eine, die Karriere machen will, trotzdem viel Zeit mit ihren Kindern verbringt, und auch noch in einer Wohnung leben will, die aussieht wie aus einem Einrichtungsmagazin oder einem Pinterest-Board, das jeden Normalsterblichen neidisch macht. Du ahnst es schon: Das wird schwer bis unmöglich. Nimm dir nicht zu viel vor.

Am Ende können wir dir das ewige Hadern mit Idealbildern, Vorstellungen, den eigenen und den gesellschaftlichen Erwartungen nicht abnehmen. Aber die Fragen regen dich sicher zum Nachdenken an und entlarven einige verinnerlichte Denkmuster ganz automatisch als das, was sie sind. Warum sollte ein Kind „nur zur Mutter" und nicht genauso häufig zum Vater oder einer anderen liebevollen und stabilen Bezugsperson gehören? Warum gibt es einen „Father of the Year"-Award (die Auszeichnung für den „Papa des Jahres"), während von Müttern ganz selbstverständlich immer erwartet wird, die „Mother of the Year" sein zu wollen? „Man kann es als Frau nur falsch machen", heißt es oft und da ist was dran. Deshalb ist die beste Lösung, sich von all diesen Erwartungen, auch den eigenen, frei zu machen und den Weg zu gehen, der sich richtig anfühlt. Das ist keine Sache, die an einem Tag passiert. Es ist ein Prozess. Aber je früher man damit anfängt, desto besser.

DENKANSTOSS: ERFAHRUNG EINER LESERIN

Eine Leserin berichtet uns folgendermaßen von ihrem Alltag mit einem Baby und einem Kleinkind zu Hause: Das Baby weint, das dreijährige Kind braucht Aufmerksamkeit, sie kocht mit Babytrage, wischt nebenbei umgekippten Saft auf. Wenn das Baby schläft, liest sie dem anderen Kind Geschichten vor. Sie beschreibt, wie kräftezehrend das ist, wie erschöpft sie ist. Wie sie manchmal morgens nach dem Aufstehen zuerst denkt: „Oh je, schon wieder ein neuer Tag, hoffentlich gibt es heute keine Katastrophen."

Viele Mütter kennen solche Phasen. Und wir fragen uns: Wo sind die Väter? Warum ist es normal, dass Frauen alleine zu Hause mit mehreren Kindern sind? Auch mit einem Kind kann es ja schon furchtbar anstrengend sein. Ist es fair, dass dieser Job automatisch der Frau zugeschoben wird? Ist es gut für eine Beziehung, wenn der eine Partner das, was der andere zu Hause leistet, weder sehen noch nachvollziehen kann?

Vaterbild: Ernährermythos, Vorbilder, Prägungen

Väter haben es tatsächlich ein bisschen einfacher als Mütter. Der Begriff und die Rolle „Vater“ sind zumindest nicht ganz so aufgebläht und mit Erwartungen überfrachtet wie der Mama-Mythos. Aber auch diese Rolle ist mitnichten frei von Idealbildern. Denn auch jeder Vater ist Sohn eines Mannes, dessen Muster und Eigenschaften er vielleicht ebenfalls gerade *nicht* reproduzieren will. Sehr viele moderne Männer setzen sich irgendwann ganz bewusst mit ihren eigenen Vätern auseinander. Selbst wenn man das nicht möchte oder kann, ist es möglich, sich zu fragen: Sehe ich mich als Ernährer der Familie? Warum mache ich das? Warum klassifiziere ich viele Aufgaben als typisch weiblich oder eher der Frau zugeordnet und andere nicht? Und vor allem: Was für ein Vater will ich sein? Wie wichtig ist mir mein Job und wie viel Zeit möchte ich mit meiner Familie verbringen?

Im Kapitel „Die Eltern-Checklisten“ haben wir auch für (werdende) Väter einen großen Fragenkatalog zusammengestellt. Es ist übrigens äußerst sinnvoll, wenn beide Elternteile beide Fragebögen durcharbeiten und für sich beantworten. Denn häufig haben Frauen auch gewisse Ansprüche an einen Vater, die ihr Partner eventuell gar nicht erfüllen möchte oder kann. Das gilt umgekehrt natürlich genauso.

Ein Vater, der sich um seine Kinder kümmert, wird entweder kritisch beäugt („Kann der das? Die armen Kinder!“) oder gefeiert. Und man muss Mut haben, sich dem zu stellen. Seid mutig! Hört auf eure eigenen Bedürfnisse! Es kann unangenehm sein, der Exot zu sein, aber meist ist es das nur für einen ganz kurzen Zeitraum.

Wer fühlt sich wofür verantwortlich?

Das ist die Grundfrage, wenn man gleichberechtigt erziehen und leben möchte. Im Idealfall lautet die Antwort auf diese Frage, dass ihr euch beide gleichwertig für alle Dinge verantwortlich fühlt. In der Realität wird das selten bis nie der Fall sein. Aber man kann ja zumindest mal anfangen. Es sollte euer Ziel sein, dass ihr euch beide für das Wohl der Familie verantwortlich fühlt.

In den meisten Familien ist das nicht selbstverständlich. Frauen werden schwanger, sie haben mit Hormonen zu kämpfen, sie tragen das Kind aus, sie bringen es zur Welt, die meisten wollen stillen. Die Frau ist also körperlich und emotional automatisch viel involvierter in die Elternschaft als der Mann. Oft ist das schon der erste Schritt in die Retraditionalisierung: Sie ist ja schon in der Schwangerschaft für das Kind und alles drum herum verantwortlich, also geht es nach der Geburt so weiter.

Versucht beide, diese Muster zu durchbrechen. Ihr wollt es anders, sonst hättet ihr dieses Buch nicht gekauft. Fragt euch immer wieder: Warum fühle ich mich dafür gerade (nicht) verantwortlich? Meistens gibt es darauf eine einfache Antwort.

Gemeinsam Pläne machen

Gemeinsam zu planen, wie der Familienalltag aussehen soll, kann genauso viel Spaß machen, wie eine große Reise in der Elternzeit zu planen. Dann nämlich, wenn beide Partner sich gesehen fühlen, ihre Bedürfnisse, Wünsche und Träume eine gleichwertige Rolle spielen. Setzt euch zusammen und überlegt gemeinsam, wie ihr euch Familie vorstellt. Wie viel Zeit wollt ihr zusammen verbringen? Wie stellt ihr euch eine ideale Alltagswoche vor? Wann soll das Kind außerhalb betreut werden? Wer hat welche Träume und Bedürfnisse in Sachen

Beruf, Hobbys, Privatleben? Es kann sehr bereichernd sein, gemeinsam Pläne zu machen, genauso, wie es unglaublich erleichternd und hilfreich ist, wenn ein Partner das Kind und den Haushalt nicht nur zu jeder Zeit nahtlos übernehmen kann, sondern auch nachvollziehen kann, welche Belastungen und Sorgen der jeweils andere zu tragen hat.

Wie ihr euch das am Ende auch aufteilt, ob beide 30 Stunden arbeiten, einer in Vollzeit, der andere 25 Stunden, beide flexible 40 Stunden – ihr müsst für euch durchrechnen, wie ihr es euch vorstellen könnt. Ob in Vollzeit oder Teilzeit: Wichtig ist, dass Eltern herausfinden, wie sie arbeiten wollen und dass dann PartnerInnen, das persönliche Netzwerk und ArbeitgeberInnen an einem Strang ziehen, um Vereinbarkeit auf erfüllende Art und Weise möglich zu machen. Das Gleiche gilt für die Aufteilung in allen anderen Bereichen.

ALLTAGSTIPP: BESPRECHT DIE VERANTWORTLICHKEITEN

Es kann sehr sinnvoll sein, die wichtigen Dinge in einem guten Rahmen zu besprechen. Nehmt euch Zeit dafür, sprecht es an, wenn ihr gerade richtig glücklich und konfliktfrei seid. Ideal ist zum Beispiel ein gemeinsames Abendessen oder auch ein Babymoon – so nennen Paare oft den letzten gemeinsamen Urlaub zu zweit, ehe das erste Kind kommt. Die Frage nach den Verantwortlichkeiten muss keine konfliktbeladene Frage sein. Sie kann auch sehr freundschaftlich, empathisch und vor allem gemeinsam geklärt werden.

Familie ist Arbeit

Hier gibt es sicher einige, die es schon bei der Überschrift schaudert. Denn niemand will seine Kinder als „Arbeit“ bezeichnen. Wir würden sogar so weit gehen, zu sagen: Das sollte man auch niemals tun!

Kinder sind ja auch nicht per se „Arbeit“, vor allem nicht dann, wenn man mit diesem Begriff insbesondere negative Dinge verbindet. Sie sind kleine Menschen mit besonderen Bedürfnissen, die wir in unser Leben einladen.

Fakt ist aber: Kinder bringen viel Arbeit mit sich. Sie zu betreuen, zu bekochen, zu wickeln, mit ihnen zu spielen und sie zu trösten – das ist Arbeit. Einen Haushalt planen und organisieren, Kindergeburtstage veranstalten, Geschenke besorgen, Lebensmittel einkaufen: Was ist das, wenn nicht Arbeit? Kochen, putzen, aufräumen, Spielsachen und Kleidung sortieren – alles Arbeit und nur ein Bruchteil dessen, was eben so anfällt im Familienalltag. Unbezahlt sind all diese Dinge natürlich auch, wenig Wertschätzung bekommt man dafür ebenfalls. Es wird einfach seit Jahrhunderten davon ausgegangen, dass das schon irgendjemand übernehmen wird – in den allermeisten Fällen weibliche Wesen. Sich darüber im Klaren zu sein, dass all das, was im Alltag mit Kindern so an Aufgaben anfällt, Arbeit ist, das ist ein sehr wichtiger Schritt in Richtung Gleichberechtigung. Denn wer all diese Dinge allein erledigen muss, der kann nur unter hoher Belastung „nebenbei“ noch einer Erwerbstätigkeit nachgehen.

Bezahlte und unbezahlte Arbeit

Das traditionelle Familienmodell sieht so aus: Ein Partner ist erwerbstätig, arbeitet also für Geld, der andere Partner macht die unbezahlte Arbeit und sagt vielleicht sogar von sich „Ich arbeite nicht“. Das stimmt natürlich nicht. Auch diese Person arbeitet – nur eben unbezahlt. Und wenn man genau hinsieht, kann der Partner, der einer Erwerbstätigkeit nachgeht, das auch nur in vollem Umfang machen, weil der andere Teil eben die unbezahlte Arbeit, die sogenannte „Care-Abeit“, zu Hause übernimmt.

Laut Bundeszentrale für politische Bildung beschreibt Care-Arbeit oder Sorgearbeit die Tätigkeiten des Sorgens und Sichkümmerns. Darunter fällt Kinderbetreuung oder Altenpflege, aber auch familiäre Unterstützung, häusliche Pflege oder Hilfe unter Freunden. Bislang wurden diese Arbeiten überwiegend von Frauen geleistet, oft als unbezahlte Hausarbeit gesellschaftlich als notwendig und selbstverständlich angesehen.

Die Autorin und Feministin Teresa Bücker hat folgenden Vorschlag (im Magazin der *Süddeutschen Zeitung*, 15.01.2020): „Wenn ein Mann nur aus dem Grund erwerbsarbeiten kann, dass seine Frau sich zu Hause um die Kinder kümmert, sollte sie Anspruch auf die Hälfte seines Einkommens haben. Denn sie ermöglicht mit der Übernahme der unbezahlten Arbeit, dass die andere Person für ihre Arbeit bezahlt wird." Das klingt für viele sicher wie ein extremer Gedanke, aber wenn man ihn einmal zu Ende denkt, hat er durchaus seine Berechtigung.

WER ARBEITET WIE VIEL, UND KÖNNEN WIR UNS DAS ÜBERHAUPT LEISTEN?

Arbeit. Geld. Ach, so unromantische Themen ... Aber warum eigentlich? Warum gelten Gespräche über Finanzen und Arbeit als unromantisch? Über Geld zu sprechen gehört doch genauso zu einer Paarbeziehung wie Gespräche über Sex oder den Haushalt. Vor allem, wenn man Kinder hat! Natürlich gibt es auch Paare, die mit wenig Kommunikation weit kommen, die zum Beispiel die Kosten einfach nach Gefühl teilen und damit gut fahren. Aber ganz oft ist es sogar harmonischer, wenn die Finanzen geklärt sind. Denn die Folge ist, dass sich ganz sicher keiner von beiden benachteiligt oder ungerecht behandelt fühlt. Das Gleiche gilt für die Aufteilung der Erwerbsarbeit. Wir finden es viel romantischer, die Bedürfnisse des Partners zu sehen und auf sie einzugehen, als unangenehme Themen auszublenden und in der Folge dann in den meisten Fällen die ganze Familienlast auf den Schultern eines Partners zu parken.

Die große Frage: Wer will, kann und muss wie viel lohnarbeiten?

Im Beruf bekommt man viele Dinge, die man im Alltag mit Kindern nicht bekommt: Anerkennung, soziale Kontakte zu Erwachsenen, Geld und Perspektiven. Versteht uns nicht falsch: Der Alltag mit Kindern hat auch viele Höhen! Aber die eben genannten Dinge bietet er eher weniger. Viele Menschen, Frauen wie Männer, definieren sich und ihre Identität zusätzlich auch noch stark über ihren Beruf. Insbesondere in den letzten Jahrzehnten wurde Arbeit immer mehr mit Sinn aufgeladen, nicht selten geht es dabei nicht mehr um reinen Brötchenerwerb, sondern um Selbstverwirklichung und die Fragen: Wer bin ich, wie werde ich gesehen, wie sehe ich mich selbst? Und das ist doch ein weiterer, sehr guter Grund, warum das Aussteigen aus dem Job von Partnern fair verhandelt werden muss.

Der andere gute Grund ist natürlich struktureller Natur. Wer erwerbstätig ist und nicht allzu lange in Elternzeit geht, ist finanziell einfach viel besser abgesichert. Für den Fall einer Trennung – er oder sie sollte dann auch gut alleine zurechtkommen können – und auch für die Rentenzeit. Ein zweites Einkommen sichert aber auch die Familie ab und entlastet somit den Partner oder die Partnerin. Wenn das eine Gehalt aus irgendwelchen Gründen ausfällt, landet die Familie nicht in der finanziellen Katastrophe. Der andere Partner oder die Partnerin kann das abfangen.

Auch ein in Deutschland sehr häufig gelebtes Modell – einer arbeitet Vollzeit, der andere Teilzeit – ist selten fair, wenn es keinen klaren finanziellen Ausgleich für den Teilzeitpart gibt. Denn in Kombination mit Care- und Hausarbeit ist eine Teilzeitstelle schnell ein Rund-um-die-Uhr-Job. Und wer sich mehrheitlich zu Hause um alles kümmert, kann im Job schlechter performen. Ganz abgesehen davon, dass jahrelange Teilzeitarbeit eben lebenslange Folgen hat. Es gibt Berufe, in denen man nach vielen Jahren wieder einfach auf Vollzeit wechseln kann. Aber mit einem Ausbildungsberuf wird man nie wieder in die Gehaltsregionen vordringen, die man ohne die Auszeit gehabt hätte. Damit ist die Rollenverteilung zementiert.

Das Ideal: Beide sind im gleichen Umfang erwerbstätig

Die gerechteste Aufteilung wäre natürlich, wenn beide Partner zeitlich gleich viel erwerbstätig sind, im besten Fall verdienen sie dabei auch noch in etwa gleich viel. Das ist logischerweise selten möglich oder der Fall. Dabei wünschen sich laut einer Studie des Instituts für Demoskopie Allensbach aus dem Jahr 2015 fast die Hälfte der Eltern, dass Vater und Mutter annähernd gleich viele Stunden im Job sind.

Obwohl die Realität also anders aussieht und es für euch vielleicht auch im ersten Schritt nicht direkt möglich sein wird, die Erwerbsarbeit gerecht zu verteilen, finden wir es ganz gut, sich an einem Ideal zu orientieren. Natürlich sind hier aber – wie immer – ganz viele verschiedene Konstellationen möglich. Man kann auch mit einer anderen Arbeitsaufteilung eine gleichberechtigte Beziehung führen!

Alternative Modelle

Nach der Elternzeit ist es zum Beispiel möglich, Elterngeld Plus zu beziehen und so eine Weile in Teilzeit zu arbeiten, dabei aber den finanziellen Ausfall aufzufangen. Prüft, ob das für euch eine Option ist – insbesondere für den Vater. Arbeiten beide Partner gleichzeitig und am Stück vier Monate lang höchstens 30 Stunden und beziehen Elterngeld Plus, gibt es den Partnerschaftsbonus – das heißt: vier zusätzliche Monate Elterngeld Plus. Vielleicht ist es aber auch eine Möglichkeit, dass ein Partner ein Jahr in Teilzeit geht, und danach der andere. Klärt das mit euren ArbeitgeberInnen ab und informiert euch, was in eurer Jobsituation machbar ist.

Auch das in Deutschland am meisten verbreitete Konzept der „Zuverdiener-Ehe“ (ein Elternteil arbeitet in Vollzeit, der andere ist in Teilzeit angestellt und kümmert sich mehrheitlich um die Care-Arbeit und den Haushalt), muss nicht unbedingt ungerecht sein. Wichtig ist dann nur, dass der Partner, der Vollzeit arbeitet, für den anderen finanziell, vor allem in Sachen Altersvorsorge, einen Ausgleich schafft und der Elternteil, der weniger Stunden der Erwerbstätigkeit nachgeht, trotzdem nicht noch die komplette Care-Arbeit alleine erledigen muss. Das wird nämlich schnell zu viel.

Die 40-Stunden-Woche und die Teilzeitfalle

Nicht nur Eltern, aber sie insbesondere, hinterfragen bereits seit einer Weile die 40-Stunden-Woche. Zumal in Deutschland oft 40 Stunden im Vertrag stehen, tatsächlich aber viel mehr gearbeitet wird. Kinder brauchen Zeit. Sie brauchen Ruhe, sie brauchen Zuwendung, und – wie schon erwähnt – sie produzieren auch Arbeit. Wer jeden Tag von 8 Uhr bis 18 Uhr erwerbstätig ist, wird de facto sehr wenig Zeit mit dem Kind oder den Kindern verbringen können – und auch nur einen geringen Teil der anfallenden familiären Arbeit stemmen können. Kaum überraschend: 28 Prozent der Befragten der besagten Studie des Instituts für Demoskopie Allensbach fänden ein Modell, in dem beide Partner Teilzeit arbeiten, ideal.

„Ich bin überzeugt, dass die 40-Stunden-Woche viel dazu beiträgt, dass die Menschen unzufrieden sind. Man kann nicht 40 Stunden arbeiten und daneben einen Haushalt führen und die Kinder unterhalten,“ sagt die Scheidungsanwältin Helene Klaar (Magazin der *Süddeutschen Zeitung*, 15.02.2016). Und wir finden, dass das für Frauen und Männer gleichermaßen gilt. Dennoch ist die Vollzeitstelle für sehr viele Menschen alternativlos. Das hat finanzielle Gründe, hat aber auch etwas mit dem Arbeitsethos in Deutschland zu tun. Teilzeitarbeit – also alles unter 40 Stunden – wird gerne belächelt und geht mit deutlich niedrigerem Gehalt, weniger Anerkennung und Aufstiegschancen einher.

Das liegt unter anderem daran, dass Teilzeit in Deutschland ein weibliches Phänomen ist. Laut dem Mikrozensus aus dem Jahr 2017 arbeiten hierzulande Frauen, die minderjährige Kinder haben und in einer Partnerschaft leben, zu 71 Prozent in Teilzeit. Bei den Vätern sind es nur sechs Prozent.

Die Gründe dafür sind einmal mehr vielfältig, aber das muss euch ja nicht davon abhalten, den anderen Fall einfach einmal zu durchdenken. Könntet ihr es finanziell stemmen, wenn der Vater oder beide Eltern (zumindest vorübergehend) in Teilzeit gingen? Wenn euch das gelänge, würdet ihr ganz nebenbei eine Arbeitsrevolution vorantreiben, die langfristig uns allen zugutekommt. „Männer, die in Teilzeit arbeiten, hätten die Macht, unsere Gesellschaft und unsere Arbeitswelt zu verändern", schreibt die Journalistin Ines Schipperges in einem Kommentar auf *Zeit Online Arbeit* (24. April 2019), und wir finden, sie hat recht.

Die Rushhour des Lebens entzerren

Die Lebensphase zwischen 25 und 45 Jahren wird von Soziologen gerne die „Rushhour des Lebens" genannt. Denn in diesen Jahren kommt eine Menge zusammen: Im Beruf werden die Weichen gestellt, man ist mit der Partnerwahl beschäftigt und viele gründen eine Familie. Vermögensaufbau wäre auch schön. Alles scheint gleichzeitig zu passieren, und nebenbei will man vielleicht auch noch ein bisschen leben, reisen und genießen. Das Lebensmodell, in dem man in diesen Jahren ranklotzt, um dann mit Mitte 60 in Rente zu gehen, hat eigentlich ausgesorgt, alleine schon deshalb, weil wir alle sehr viel älter werden, als es noch unsere Großeltern wurden.

Aber bisher hat sich an diesem Modell wenig geändert. Die „Rushhour des Lebens" ist für sehr viele Menschen eine große Belastung. Diese zu entzerren würde vielen das Leben leichter und ihren Lebenswandel gesünder machen. Vielleicht schafft ihr es, durch eine gleichberechtigte Aufteilung das für euch zu zumindest teilweise hinzubekommen.

ALLTAGSTIPP: SPRECHT ÜBER DAS STRESSLEVEL

Wenn ein Elternteil einen anstrengenden und zeitintensiven Job hat, heißt es oft: Der andere soll wenigstens nicht auch so viel Stress haben – und nicht erwerbstätig sein, sondern zu Hause bleiben. Es ist völlig klar, dass es anstrengende und weniger anstrengende Berufe gibt. Zudem sind die individuellen Belastungsgrenzen unterschiedlich.

Aber grundsätzlich gilt: Kinder zu betreuen und einen Haushalt zu organisieren ist definitiv auch anstrengend! Vielleicht sogar stressiger, sicher aber ermüdender als die meisten Erwerbsjobs. Ehrlich und offen über das individuelle Stresslevel zu sprechen ist wichtig. Und meistens ist die fairste Lösung, alle Auslöser von Stress einfach gerecht aufzuteilen.

Ist Geld wirklich das wichtigste Kriterium?

Laut einer aktuellen Studie des Familienministeriums wollen 82 Prozent der Männer in Deutschland, dass ihre Frau arbeitet. Wenn man genauer hinsieht, merkt man aber, dass dafür vor allem wirtschaftliche Interessen eine Rolle spielen. Hat der Mann einen sicheren Arbeitsplatz und verdient auch noch genug Geld, verschiebt sich auch die Erwartungshaltung an die Frau. Dann findet knapp die Hälfte der Männer, dass ihre Partnerin nicht selbst arbeiten muss.

Geld macht nicht glücklich

Ein Beispielfall: Der Vater einer kleinen Familie arbeitet hauptberuflich in einer Unternehmensberatung. Er verdient sehr gut, muss jedoch eher 60 als 30 Stunden pro Woche im Büro oder beim Kunden verbringen. Zudem ermüdet ihn sein Beruf, er stellt ihn moralisch infrage. Sein Job macht ihn nicht glücklich. Ihm fehlt die Zeit mit der Familie. Seine Frau arbeitet als Teilzeitkraft in einer Boutique. Sie liebt Mode, sie dekoriert den Laden gerne um, sie genießt den Austausch mit Menschen. Ihr Beruf macht sie glücklich und gibt ihr Kraft. Sie hat dank der Teilzeit genug Zeit für Kinder und Familienarbeit.

Wäre es fair, ihren Job als weniger wertvoll zu bezeichnen, nur weil er schlechter bezahlt ist? Wir finden: Im Gegenteil. Ihr Job hat doch vielleicht sogar eine größere Bedeutung, denn er stärkt, ist gut für das Wohlbefinden und noch dazu ist er besser mit der Familie zu vereinbaren.

Arbeit ist nicht gerecht bezahlt. In diesem Land nicht und in keinem anderen der Welt. Die so wichtige Care-Arbeit in der Familie wird überhaupt nicht entlohnt. ErzieherInnen, PflegerInnen, eben „systemrelevante" Berufe, werden in der Regel viel schlechter bezahlt als ManagerInnen in hohen Positionen in der Wirtschaft, dabei sind

Erstere wichtiger für das Funktionieren einer Gesellschaft. Versucht also, wenn es euch finanziell möglich ist, auch andere Kriterien als das Einkommen zu bedenken, wenn ihr darüber sprecht, wer wie viel arbeiten möchte und kann. Es ist eine gute Idee, sich zusammenzusetzen und möglichst viele unterschiedliche Gesichtspunkte zu durchdenken.

Wir wissen, dass viele Väter nun argumentieren, dass Teilzeit keine Option für sie sei und dass auch die Gespräche mit dem Chef über Krankheitstage und Nachmittagsmeetings unangenehm seien. Bedenkt Folgendes: Für Frauen ist das seit Jahrzehnten unangenehm. Sie haben jahrzehntelang berufliche und finanzielle Einbußen in Kauf genommen. Ihr habt dieses Buch in der Hand, weil ihr es anders machen wollt. Weil ihr eine gerechtere Aufteilung und Entlohnung wollt. Traut euch!

Vielleicht können wir uns das doch leisten

Nun lässt sich natürlich leicht sagen, dass wirtschaftliche Gründe keine so große Rolle spielen sollten, wenn Geld im Überfluss vorhanden ist. Wenn dagegen jeder Euro für Miete, Essen und Kleidung umgedreht werden muss, ist es nun mal doch ein wichtiges Kriterium. Wir plädieren dennoch dafür, zu versuchen, den Wert eurer Jobs nicht nur am Einkommen zu messen. Denn das passiert allzu oft: Der Job, der mehr Geld einbringt, wird als wichtiger angesehen. Das ist selten fair. Zudem ist es oft auch finanziell günstiger, wenn beide sich das Risiko teilen. Denn auf lange Sicht kommt so für beide mehr heraus. Wenn nur ein Partner zum Beispiel die Arbeitsstunden reduziert, wird der andere zwar eventuell befördert werden und aufsteigen, derjenige, der reduziert hat, jedoch nicht. Wenn beide zeitbegrenzt reduzieren, haben sie zwar erst mal weniger Gehalt und Aufstiegschancen, dafür haben beide auf lange Sicht die Möglichkeit, weiter aufzusteigen.

DENKANSTOSS: FRAGT EUCH DOCH MAL …

- Wie wichtig ist mir mein Beruf und mache ich ihn gerne?
- Definiere ich mich über meinen Beruf und wenn ja, warum?
- Gibt mir mein Job Kraft oder laugt er mich im Gegenteil aus?
- Wie möchte ich in 20 Jahren leben – möchte ich dann immer noch in diesem Beruf arbeiten?
- Welche Aufstiegschancen habe ich realistisch und will ich sie überhaupt nutzen?
- Kann ich meinen Job in Teilzeit machen?
- Welche Aufstiegschancen bleiben mir in Teilzeit (wahrscheinlich) verwehrt?
- Wie viel Einkommen verliere ich wirklich, sollte ich meine Arbeitsstunden reduzieren?
- Ist es mir das zumindest kurzfristig für den Familienfrieden und meine Gesundheit wert?
- Wie familienfreundlich ist mein Arbeitsplatz?
- Möchte ich das so akzeptieren, wie es ist, oder dazu beitragen, dass er (noch) familienfreundlicher wird?
- Kann ich flexibel oder im Schichtmodell arbeiten?
- Ist mein Job mit der Familie und einer gleichberechtigten Beziehung zu vereinbaren?

Wie viele Arbeitsstunden sind realistisch?

Auf diese Frage gibt es keine einheitliche Antwort, denn sie hängt von so vielen Faktoren ab – von der Betreuungssituation des Kindes oder der Kinder, davon, ob es ein Netzwerk, also Familie oder Freunde gibt, die einspringen können. Sie hängt auch von Fahrtwegen ab, von Belastbarkeitsgrenzen, von individuellen Bedürfnissen.

Wir persönlich finden: Irgendetwas zwischen 20 und 35 Wochenarbeitsstunden lässt sich in der Regel gut mit Care-Verantwortung vereinbaren. Theoretisch ist natürlich auch Vollzeit für beide möglich, wenn man Vollzeit dabei nicht mit einem starren „40-Stunden-oder-sogar-mehr-Modell" definiert: Wer flexibel arbeiten kann, belastbar ist, kurze Wege hat oder zum Beispiel eine reduzierte Vollzeitstelle mit 36 Stunden hat und außerdem wenig bis keine Überstunden machen muss, kann das in der Regel auch stemmen.

Stellt euch folgende Fragen

- Gibt es die Möglichkeit, die Elternzeit gleichwertig zu teilen (mehr dazu im Kapitel „Der fifty-fifty-Schlüssel: Elternzeit für beide")? Und ist es danach auch möglich, gleichwertig die Stunden so zu reduzieren oder aufzustocken, dass beide gleich viel arbeiten?
- Wer kann in seinem Job reduzieren und wenn nicht, warum? Weil es immer so war, weil man in Teilzeit keine Aufstiegschancen mehr hat, weil das Geld nicht reicht? Geht alle Argumente in Ruhe zusammen durch und beleuchtet sie kritisch. Oft ist der tatsächliche Rückschritt oder Stillstand auf ein paar Jahre reduziert. Vielleicht ist es euch das wert.
- Teilzeit ist ein Recht! Für Männer übrigens genauso wie für Frauen. Macht davon Gebrauch! Von den insgesamt maximal 36 Monaten Elternzeit müssen nur zwölf Monate vor dem dritten Geburtstag des Kindes genommen werden. 24 Monate kann man auf Wunsch auch auf die Zeit zwischen dem dritten und achten Geburtstag aufteilen. In vielen skandinavischen Ländern ist es sehr populär, abwechselnd ein Jahr Teilzeit, ein Jahr Vollzeit zu arbeiten. Prüft, ob ein solches Modell für euch infrage kommen könnte.

Sucht das Gespräch mit den Vorgesetzten

Wie sehr ihr euer Privatleben mit ins Büro nehmt, bleibt natürlich euch überlassen. Es mag ArbeitgeberInnen geben, bei denen es Sinn ergibt, lieber so zu tun, als hätte man keine Kinder und diese schon beim Bewerbungsgespräch nicht zu thematisieren.

Wir sind jedoch Fans von transparenter Kommunikation. Wenn die Familiengründung eng mit dem Chef oder der Chefin besprochen wird, kann man auch alle offenen Fragen klären, zum Beispiel: Wie lange möchte man Elternzeit nehmen? Wie kann man sich eine Rückkehr vorstellen? Wer wird zu Hause bleiben, wenn ein Kind krank wird? Es ist natürlich sehr wichtig, dass auch (werdende) Väter diese Gespräche führen und nicht nur die (werdenden) Mütter.

Themen wie: Keine Meetings nach 16 Uhr, Homeoffice möglich machen, Gleitzeit – unbedingt ansprechen! Ja, unsere Arbeitswelt ist gerade (noch) nicht sonderlich familienfreundlich. Aber viele ChefInnen wissen auch nicht um die Bedürfnisse moderner Familien. Wenn diese nicht angesprochen werden, erfahren sie vielleicht nie davon.

Falls ihr auf Jobsuche seid: Bewerbt euch auch auf Vollzeitstellen. Oft ist im Gespräch noch viel Spielraum möglich, und der Arbeitgeber lässt sich vielleicht wirklich auf eine Viertagewoche oder einige Arbeitstage Homeoffice ein.

KOMMENTAR
Ist es denn wirklich so, dass zufällig die Jobs von Männern mehrheitlich die wichtigeren sind? Was machen Männer, die sich ein Bein brechen? Was ist wichtig genug, um zu Hause zu bleiben? Aus meiner Sicht müssen sich mehr Männer der Verantwortung stellen, die Kinder bedeuten. Auch der zeitlichen. Klar ist das unbequem, Gesellschaft verändern ist unbequem, aber irgendwer muss ja damit anfangen. Ja, das ist in Beziehungen oft anstrengend und es ist auch oft harmonischer und sogar finanziell besser, sich diese Fragen nicht zu stellen. Aber so bleiben die traditionellen Rollen unverändert.

Teresa Bücker, Journalistin, Moderatorin und Beraterin

Überlegungen zu verschiedenen Arbeitsmodellen

Jobs sind unterschiedlich zeitintensiv, kräftezehrend und werden auch nie gleich vergütet. Manch einer hat eine verständnisvolle Chefin oder einen verständnisvollen Chef, wieder andere müssen jede Ausnahme durchkämpfen. Wie ihr in eurer ganz persönlichen Jobsituation mehr Gleichberechtigung schafft, ist individuell. Aber die drei häufigsten Szenarien haben wir für euch einmal durchgespielt.

Ihr arbeitet beide angestellt

Auf den ersten Blick erscheint es vielleicht am schwierigsten, die Erwerbsarbeit hälftig aufzuteilen, wenn beide Partner angestellt sind. Gerade in diesem Fall kann es aber auch recht einfach sein. Denn Festanstellungen bringen Sicherheit, außerdem sind feste Wochenpläne recht leicht umzusetzen.

Klärt zunächst, wer von euch beiden wie viel erwerbstätig sein kann und will. Wer hat in den nächsten Monaten und Jahren welche realistischen Aufstiegschancen und sind sie es wert, auf die Vollzeitstelle zu pochen? Hier kann die Antwort durchaus „Ja“ heißen, aber vielleicht kann man in Richtung einer Teilzeitstelle denken, sobald diese Beförderung erreicht ist. Denn nicht selten sind es die sehr verantwortungsvollen Jobs, die sich eigentlich auch sehr gut reduzieren lassen.

Überlegt doch mal:

- Lohnt es sich vielleicht für den Familienfrieden, für die Gesundheit und die Gleichberechtigung, ein paar Jahre auf Aufstiegschancen zu verzichten?
- Wenn noch nie ein Mann im Unternehmen Elternzeit genommen hat, wäre es nicht ganz toll, dieser Erste zu sein, der den Weg für viele weitere moderne Väter ebnet?
- Wenn wichtige Meetings nach 16 Uhr stattfinden und man Bedenken hat, im Job den Anschluss zu verlieren, wäre das nicht ein guter Zeitpunkt, eben diese Strukturen mal zu überdenken und auch zu ändern?
- Könnt ihr abwechselnd in Teilzeit arbeiten? (Beispiel: Sie geht ein Jahr in Teilzeit, dann er ein Jahr, im dritten peilen beide wieder Vollzeit an?) In Skandinavien gibt es eine Menge solcher Arbeitsmodelle.
- Feste Anstellungen bieten auch weitere Vorteile: Urlaube können sicher und gut geplant werden, Krankheitstage werden besser aufgefangen. Man könnte also auch sagen: Fifty-fifty lässt sich in dieser Konstellation am einfachsten realisieren!

Einer arbeitet angestellt, einer selbstständig

In diesem Modell muss man eventuell viel hin- und herorganisieren. Wichtig ist, dass der selbstständige Part nicht automatisch einen größeren Anteil der Care-Arbeit übernimmt, weil er flexibler ist. Oft ist es sogar fair, wenn der angestellte Elternteil seine Sicherheit auch nutzt und zum Beispiel eher zu Hause bleibt, wenn ein Kind krank ist.

Auch hier lohnt es, sich Fragen zu stellen:

- Wer hat in den nächsten Monaten und Jahren welche realistischen Aufstiegschancen? Können diese vielleicht noch ein paar Jahre länger warten?
- Kann der angestellte Elternteil seine Arbeitszeit reduzieren? Oft sind es die angestellten Arbeitsverhältnisse, die mehr Sicherheit bieten, während der selbstständig arbeitende Part es sich meist schlecht erlauben kann, über einen längeren Zeitraum keine Projekte anzunehmen.
- Auch wenn keine konkreten Projekte anstehen, ist es für Selbstständige wichtig, sich feste Arbeitszeiten zu nehmen. Kundenkontakte müssen gepflegt, Buchhaltung gemacht, die Website aktualisiert werden – selbst und ständig eben. Plant das mit ein!

Beide arbeiten selbstständig

Auf den ersten Blick ist dieses Modell natürlich der Idealfall, wenn man gleichberechtigt leben will. Denn die Selbstständigkeit geht meistens mit sehr viel Flexibilität und Selbstbestimmung einher. Aber auch hier gibt es Tücken. Was, wenn beide einen wichtigen Auftrag zeitgleich haben? Wer kann eher zurückfahren? Selbstständig bedeutet außerdem fast immer: Man muss oft auch abends, am Wochenende oder an Feiertagen arbeiten. Wer zusätzlich noch Familie leben und genießen will, sollte klare Absprachen haben, wann bewusst *nicht* gearbeitet wird. Und: Feste Pläne, die eine faire Aufteilung stark vereinfachen, sind bei Selbstständigen selten möglich. Hier ist es also wichtig, sich immer wieder abzusprechen, von Woche zu Woche zu planen und immer wieder nachzujustieren, wenn sich ein Part schlechter behandelt fühlt.

DENKANSTOSS: ISABELS ERFAHRUNG MIT „BEIDE ARBEITEN SELBSTSTÄNDIG“

Wir haben viele Jahre lang beide als Freelancer gearbeitet und die Familienarbeit parallel so gerecht wie möglich verteilt. Unsere Leitidee war immer: dem anderen jeden Job möglich machen. Wenn beide gleichzeitig wichtige Projekte hatten, mussten wir kreativ werden und Freunde oder die Familie mit einbeziehen. Aber meistens hat es gut geklappt. Wir haben uns aber wirklich andauernd abgesprochen, was natürlich auch zeitintensiv war. Ich glaube, keiner von uns musste je einen Job absagen, weil wir es mit der Familie nicht organisiert bekommen haben. Dafür haben wir oft Streitereien gehabt, weil wir am Ende beide zu viel gearbeitet haben und schlecht abschalten konnten.

Nun gibt es klare Regeln: Wenn es irgendwie geht, versuchen wir, am Wochenende und am Abend nicht zu arbeiten. Beim Abendessen ist Handyverbot. Und wenn beide vor dem Rechner oder am Telefon hängen und die Kinder etwas brauchen, gehen deren Bedürfnisse immer vor.

Geld oder Liebe? Bitte beides!

Hach, wieder so ein Thema! Wir können so gut verstehen, dass ganz viele von euch im Kopf haben, dass es doch schöner wäre, man könnte das Thema Geld außen vor lassen. Die Finanzen einfach so mitlaufen zu lassen, mal zahlt er, mal zahlt sie – und dann passt das schon. Es gibt auch Paare, bei denen das funktioniert! Aber wir haben die Erfahrung gemacht, dass es doch recht sinnvoll ist, auch das Thema Finanzen transparent zu behandeln. Denn Schweigen und Unwissenheit führen oft zu Unsicherheiten und schüren Ängste. Und wenn ihr eines nicht wollt, dann ist es doch Streit ums Geld, oder?

Wo stehen wir finanziell?

Gerade, wenn es um die Frage geht, wer nach der Geburt eines Kindes wie lange in Elternzeit geht und auch, wer im Anschluss an diese wie viel lohnarbeitet, ist es schon sehr wichtig, zu klären, welches Modell man sich leisten kann und will, wer welche Abstriche macht, und wie ausgeglichen wird, und so weiter. Das Gleiche gilt für die Elternzeit. Setzt euch in Ruhe zusammen, sprecht über Wünsche, Vermögen, Einnahmen und Ausgaben. Wenn man alles durchgerechnet hat, also die Fixkosten zusammengezählt, die (zu erwartenden) Gehälter sowie die Gewinne und Verluste, die durch ein Kind entstehen, kann die Entscheidung natürlich auch so aussehen, dass es in finanzieller Hinsicht viel mehr Sinn ergibt, wenn einer in Vollzeit arbeitet und der andere zu Hause die Arbeit übernimmt. Sehr selten ist dieser Weg allerdings alternativlos, und er entspricht nicht dem Prinzip, nach dem dieses Buch strebt. Also überlegt es euch gut. Es ist aber auch nicht so, dass eine gleichberechtigte Partnerschaft dann nicht mehr möglich wäre.

Ihr schafft kein fifty-fifty? Dann schafft anderweitig Gerechtigkeit

Wenn einer von euch beiden vorübergehend seine Karriere aufs Spiel setzt, zumindest aber Gehalts- und Renteneinbußen hinnimmt – dann sollte man über einen Ausgleich sprechen. Dieser Ausgleich ist im Idealfall finanzieller Natur, vielleicht findet ihr für euch aber auch eine andere Absprache, die sich für euch fair anfühlt.

Wenn einer den Löwenanteil der Elternzeit nimmt

Wenn einer von euch eine lange Elternzeit nimmt, ist es fair, in diesen Monaten die Kosten so aufzuteilen, dass kein einseitiger Nachteil entsteht. Das Elterngeld beträgt 67 Prozent des Nettoeinkommens –

also schon deutlich weniger. Wenn ihr vorher Miete und andere Fixkosten hälftig geteilt habt, sollte der Partner, der Elternzeit nimmt, entsprechend weniger zahlen. Oder ihr entscheidet euch gleich für ein gemeinsames Konto. Möglich ist auch ein finanzieller Ausgleich, also der Partner, der sein volles Gehalt erhält, überweist dem, der in Elternzeit ist, die Differenz. So sind die finanziellen Einbußen zumindest geteilt! Wenn das schwer ist, kann man vielleicht schon in der Schwangerschaft damit beginnen, dafür einen gewissen Betrag anzusparen, um einen Ausgleich möglich zu machen.

Vielleicht denkt ihr jetzt: Aber ist das fair? Der, der erwerbstätig ist, hat doch für das Geld gearbeitet, warum soll er jetzt etwas davon abgeben, an den, der nicht arbeitet? Erinnert euch daran, was wir bereits festgestellt haben in dem Kapitel „Wer arbeitet wie viel und können wir uns das überhaupt leisten?“: Auch der Partner, der in Elternzeit ist, arbeitet. Und der, der in Lohn und Brot steht, kann das nur, weil der Partner ihm eben diese Arbeit abnimmt.

Wenn ihr eure Lohnarbeit nicht fifty-fifty teilen könnt

Es ist nicht immer möglich, alles hälftig zu teilen. Selbst, wenn ihr anstrebt, dass beide Partner zum Beispiel 80 Prozent arbeiten, kann es sein, dass das zumindest zeitweise einfach nicht möglich ist. Wenn der Partner, der in geringerem Umfang erwerbstätig sein kann, dann mehr Care-Arbeit übernimmt (was eigentlich immer der Fall ist), ist es auch hier fair, einen Ausgleich zu schaffen. Denn weniger Arbeitsstunden führen nicht nur zu einem niedrigeren Stundenlohn, sondern auch zu Renteneinbußen und schlechteren Chancen in Sachen Beförderung. Der Partner kann zum Beispiel in eine Rentenvorsorge für den anderen einzahlen. Je nachdem, wo ihr finanziell steht, kann das eine kleine Vorsorge sein – etwa ein Riester-Sparplan, dieser lohnt sich gerade mit mehreren Kindern und schon ab einem kleinen Betrag im Monat. Auch eine anderweitige private Vorsorge, etwa eine

Lebensversicherung, oder ein ETF-Fonds, sind möglich. In gut situierten Verhältnissen ist vielleicht sogar die Anschaffung einer Eigentumswohnung drin.

KOMMENTAR
Es ist eine gemeinsame Entscheidung, Kinder zu bekommen, und es ist nicht gerecht, wenn nur die Frau alleine dafür zahlen soll. Und wer über viele Jahre zu Hause bleibt, hat ziemlich hohe Einbußen, kurz- und langfristig. Am besten ist es, so etwas vorher vertraglich zu regeln: Wer wie lange zu Hause bleibt und welchen Ausgleich diejenige, oder derjenige, aber in den meisten Fällen ist es immer noch sie, dafür bekommt. Finanzplanung sollte zum Lebensplan gehören – und nicht erst dann in Angriff genommen werden, wenn die Hütte schon brennt. Ich finde es sogar sinnvoll, diese Dinge zu besprechen, wenn man noch früh verliebt ist. *Helma Sick, Finanzexpertin*

Das Familienkonto

Wie immer gilt: Ihr könnt das am Ende so machen, wie ihr euch damit wohlfühlt, aber ein Familienkonto macht tatsächlich so vieles einfacher! Man sagt sogar, dass Paare mit einem gemeinsamen Konto oft am belastbarsten sind. Denn sie müssen am wenigsten über Geld diskutieren. Der Normalfall ist ein 3-Konten-Modell, also beide Partner behalten ihr eigenes Konto, zusätzlich eröffnen sie gemeinsam ein Familienkonto. Es gibt Anbieter, die zwei EC- oder Kreditkarten anbieten, das erleichtert das Ganze noch zusätzlich.

Von dem Familienkonto werden Miete (oder die Kreditraten für die Eigentumswohnung und das Hausgeld), Nebenkosten, Betreuungskosten, Lebensmittel und im Idealfall auch alle anderen Ausgaben, die die ganze Familie betreffen, abgebucht. Zum Beispiel: Streaming-

oder Musikdienste, Kosten für Hobbys der Kinder, vielleicht auch Kleidung für die Kinder, Geschenke und Urlaube. Auch das Kindergeld und andere eventuelle staatliche Zusatzleistungen kann man sich dann auf dieses Konto einzahlen lassen.

Das 3-Konten-Modell – wie kann das konkret aussehen?

- Beide überweisen monatlich den gleichen Prozentsatz ihres Netto-Einkommens auf das Familienkonto. Man muss vorher ausrechnen, welcher das ist, damit der eingezahlte Betrag die Kosten deckt. Hinweis: Es ist in der Regel nicht fair, die Kosten fifty-fifty zu teilen, wenn einer der Partner deutlich weniger verdient. Denn diese Verdienstunterschiede entstehen ja meist aus strukturellen Gründen und nicht eigenverschuldet.
- Jeder Partner überweist den vereinbarten Betrag auf das Konto. Auch hier müsst ihr ausrechnen, was fair und realistisch ist.
- Beide Gehälter gehen zunächst komplett auf das Familienkonto ein, die PartnerInnen überweisen sich monatlich einen festen Betrag „Taschengeld“ auf ihre privaten Konten. Oder alles, was am Ende des Monats „übrig bleibt“ wird hälftig zwischen den Partnern aufgeteilt.

Die Familie ist eine Einheit, die zusammenhält. Da sollte nicht aufgerechnet werden. Wenn beide Partner sehr unterschiedlich mit Geld umgehen, kann es aber dennoch sinnvoll sein, wenn einfach beide ihre Konten behalten. Dann muss man eben mit Daueraufträgen jonglieren, um die Kosten zu teilen.

Eine weitere Lösung ist natürlich, wenn es nur ein Familienkonto gibt, auf das sämtliche Zahlungen eingehen, und von dem alle Kosten abgehen. Wer eine große Vertrauensbasis hat und ähnliche finanzielle Vorstellungen, kann das gut machen. Es besteht jedoch das Risiko, dass man sich immer rechtfertigen muss, wenn eine Anschaffung gemacht wurde, oder für den kleinen Luxus des Alltags Geld ausgegeben wurde. Das kann sehr unwürdig und unangenehm sein – muss es aber nicht.

Weitere Finanztipps

- **Steuerklasse frühzeitig wechseln:** Wenn für verheiratete Paare schon früh feststeht, dass ein Elternteil deutlich länger Elterngeld beziehen möchte, kann dieser die Steuerklasse III wählen. So bleibt vor der Geburt des Kindes mehr Netto vom Brutto, das Elterngeld steigt. Die Summe, die der Partner, der nun die Steuerklasse V hat, zu viel an den Fiskus zahlt, können sich die Eltern später bei der Steuererklärung zurückholen. Der Wechsel sollte mindestens sieben Monate vor dem Mutterschutz beantragt werden. Rechnet vorher aus, ob sich das für euch lohnt.
- **Mutterschaftsgeld:** Auch hier wird der höchste Betrag an jene ausgezahlt, die spätestens sieben Monate vor Beginn des Mutterschutzes in die Steuerklasse III wechseln.
- **Krankenkassen überprüfen:** Auch die Krankenkasse zu wechseln kann sehr sinnvoll sein. Sind in einer Ehe beide Elternteile gesetzlich versichert, dann sind die Kinder im Rahmen der Familienversicherung in der gesetzlichen Krankenversicherung (GKV) gratis mitversichert. Ist ein Elternteil jedoch privat krankenversichert, und verdient über der Jahresarbeitsentgeltgrenze, so müssen die Kinder ebenfalls innerhalb der privaten Krankenversicherung versichert werden, oder sie können freiwillig in der GKV versichert werden. Beide Fälle sind natürlich mit Kosten verbunden. Es gibt Paare, die aus diesem Grund nicht heiraten! Rechnet einmal durch, ob es sich für einen Elternteil lohnen würde, die Versicherung zu wechseln.
- **Betreuungskosten absetzen:** In vielen Regionen sind die Kosten für Kinderbetreuung sehr hoch. Dennoch ist eine vernünftige außerhäusliche Betreuung meist Bedingung für eine gleichberechtigte Beziehung. Zwei Drittel der Kosten, die für die Betreuung

der Kinder anfallen, können häufig als Sonderausgaben geltend gemacht und von der Steuer abgesetzt werden.

- **Elterngeld Plus:** Elterngeld werden vermutlich die meisten von euch beantragen. Deutlich länger gibt es das Elterngeld Plus, dafür bekommt man monatlich weniger ausgezahlt. Das Elterngeld kann so auf bis zu 28 Monate gestreckt werden, und Eltern dürfen sich in der Elternzeit etwas dazuverdienen. Damit ist das Elterngeld Plus sogar oft lukrativer, zumindest, wenn Eltern 25 bis 30 Wochenstunden zusätzlich arbeiten und deshalb von der Elterngeldstelle den Partnerschaftsbonus bekommen.
- **Noch mal Steuerklassen:** Am gerechtesten ist es, wenn verheiratete Paare von vorneherein beide in Steuerklasse IV sind.

KOMMENTAR
Ich rate in der Regel in einer Ehe von der Steuerklassenkombination III und V ab, weil sie für Frauen, die ja meist die Steuerklasse V wählen, ungünstig ist. Denn sie zahlt überproportional hohe Steuern, und zwar ab dem ersten Euro, weil sie für ihr Einkommen keinen Grundfreibetrag mehr erhält (der wird beim Ehemann berücksichtigt). Mit der Einkommensteuererklärung am Jahresende gleicht sich das zwar wieder aus: Es gibt Geld vom Finanzamt zurück. Es ist aber für viele sehr frustrierend, das ganze Jahr zu arbeiten und netto so wenig zur Verfügung zu haben. Dazu kommt, dass zahlreiche Lohnersatzleistungen von der Höhe des Nettogehalts abhängen, wie z.B. Elterngeld, Krankengeld, Arbeitslosengeld, Kurzarbeitergeld oder Unterhalt. Wer also Steuerklasse V wählt, schenkt dem Staat über Jahre hinweg viel Geld. In den meisten Fällen ist die Steuerklassenkombination IV/IV besser. Mit dem Lohn- und Einkommensrechner des Bundesministeriums der Finanzen können Sie herausfinden, welche Steuerklassenkombination für Sie am günstigsten ist.

Helma Sick, Finanzexpertin

Transparente Finanzen

Auch hier ist das Thema Teilzeit wieder relevant. Rechnet durch, welche finanziellen Einbußen es erwartungsgemäß geben würde, wenn beide in Elternzeit und im Anschluss in Teilzeit gehen. Und überlegt parallel dazu, wie es aussehen würde, wenn nur ein Elternteil diesen Weg geht. Habt immer im Hinterkopf, dass die finanziellen Einbußen sonst nur von einer Person getragen werden und dies in der Regel auch einen Einfluss auf deren Lebenseinkommen und die Rente hat. Wer die finanziellen Verluste gerecht teilt, hat oft auf lange Sicht gar keinen so großen Nachteil.

Was natürlich auch wertvoll ist: gemeinsame finanzielle Ziele. Sprecht über Träume und mögliche Wege, diese zu realisieren. Es kann sehr motivierend und verbindend sein, gemeinsam für eine Reise oder eine neue Küche zu sparen.

Typische Denkfehler

Uns fällt immer wieder auf, dass wir Glaubenssätze und scheinbare Wahrheiten hören – vor allem von Frauen –, denen viele auf den ersten Blick zustimmen. Wenn man genauer hinsieht, lassen sich diese Annahmen aber sehr schnell widerlegen!

Mein Gehalt geht komplett für die Kinderbetreuung drauf

In vielen Gegenden sind die Betreuungskosten für Kinder tatsächlich absurd hoch. Beträge über 1000 Euro monatlich sind keine Seltenheit. Wenn ein Elternteil in Teilzeit arbeitet und ohnehin schon weniger monatlich auf dem Konto landet, und wenn dieses kleinere Gehalt dann dank des Ehegattensplittings auch noch nach noch weniger aussieht, liegt der Gedanke nahe, dass sich das ja gar nicht lohnen würde. Das ist aber falsch! Erstens: Warum gehen die Kosten für die Kinderbetreuung von diesem Gehalt ab? Sie sollten vom Familieneinkommen abgezogen werden, oder, wenn man kein Familienkonto hat, zumindest geteilt werden. Außerdem ist auch ein Teilzeitjob eine Investition in die Zukunft. Er ist eine Absicherung für den Fall der Fälle und bringt zumindest ein paar Rentenpunkte. Darüber hinaus hilft er, beruflich am Ball zu bleiben. Gut möglich, dass sich die Bedürfnisse und Möglichkeiten noch mal ändern, wenn die Kinder zum Beispiel etwas älter sind, im Falle einer Trennung, oder wenn der andere Partner oder die Partnerin seinen oder ihren Job reduzieren oder kündigen möchte oder muss. Dann kann der andere wieder auf Vollzeit gehen, vielleicht sogar aufsteigen. Wer in Teilzeit geblieben ist, wird es hier wesentlich einfacher haben als jemand, der ganz aus dem Berufsleben ausgestiegen war.

Es lohnt sich nicht für mich, erwerbstätig zu sein

Alles im Abschnitt zuvor Gesagte trifft auch hier zu. Auch, wenn das Gehalt zwischenzeitlich gering aussehen sollte, es ist eine Absicherung für die Zukunft. Nur weil ein Partner weniger verdient, sollte dessen Job nicht als „nutzlos“ angesehen werden. Das ist er nie.

So viel schlechter stehe ich doch gar nicht da, wenn ich ein paar Jahre nicht arbeite

Leider doch! Wir sind auch nicht begeistert davon, dass unser System so wenige Spielräume lässt, für Menschen, die sich nur der Care-Arbeit widmen wollen. Unglücklicherweise ist das aber so. Deshalb muss man privat dafür sorgen, dass der Partner, der mehr Care-Arbeit macht, im Alter oder in anderen Situationen nicht schlechter dasteht.

Eine Frau, die in einer mittleren Managementposition schwanger wird, kann ja mal hochrechnen, was sie so verliert, wenn sie – sagen wir mal drei, fünf, oder acht Jahre – aus dem Job ausscheidet. Beförderungen und Gehaltserhöhungen sollte man einberechnen. Da ist schnell eine Eigentumswohnung abbezahlt. Auch in Teilzeit gehen natürlich viel Geld und Aufstiegsmöglichkeiten flöten. Auch das kann man sich mal ausrechnen.

DER FIFTY-FIFTY-SCHLÜSSEL – ELTERNZEIT FÜR BEIDE

Das Baby ist da und die Freude groß. Am besten hat man schon vorher besprochen, wie man die Elternzeit genau aufteilen möchte. Denn in der Aufteilung der Elternzeit liegt der Schlüssel für einen guten Start in eine gleichberechtigte Elternschaft. Doch wie genau geht man das an? Was, wenn der Partner mehr Geld verdient? Hier findet ihr Anregungen, welche Elternzeitaufteilung sinnvoll ist und warum Väter viel mehr übernehmen können, als sie und Mütter manchmal denken. Denn Väter, die eine Weile mit dem Kind (oder den Kindern) alleine Zeit verbringen, die den Haushalt und alles, was sonst noch anfällt, mal alleine gerockt haben, die ticken einfach anders.

Warum der 2-Monate-Elternzeit-Papa ausgedient hat

Als Marie mit ihrem ersten Kind schwanger war, wollte sie das Thema Elternzeit am liebsten gar nicht besprechen. Sie war jung und hatte sich selbst kaum damit auseinandergesetzt. Sie wünschte sich Harmonie und keine anstrengenden Diskussionen. Ihr damaliger Partner nahm dann auch tatsächlich gar keine Elternzeit. Kurz nach dem ersten Geburtstag des Sohnes trennten sie sich. Nun war daran mit Sicherheit nicht die (ungeteilte) Elternzeit schuld, aber sie dürfte doch dazu beigetragen haben. Als Marie sechs Jahre später mit ihrem zweiten Kind schwanger war, wusste sie: Wir müssen über die Zeit nach der Geburt sprechen! „Ich würde die Elternzeit gern aufteilen", sagte sie vorsichtig und ärgerte sich sogleich über die eigene Schüchternheit. Sollte es nicht ganz normal sein, sich die Elternzeit für das gemeinsame Kind zu teilen? Irgendwie wirkten auch in ihr noch traditionelle Rollenbilder. Glücklicherweise sah ihr Freund es genauso: „Klar, teilen wir auf!" Auch er hielt nichts von den zwei Väter-Monaten, in denen viele dann auch noch zusammen verreisen, und sagte in einem Beitrag zum Equal Care Day (erschienen in *Zeit Online Arbeit,* 29.02.20) Folgendes: „Ich glaube, volkswirtschaftlich und pädagogisch waren die Elterngeldgesetze nicht so gedacht, dass Familien die Zeit auf zwölf Monate Mutterzeit und zwei Monate Vaterzeit aufteilen und dass sie in den zwei Väter-Monaten die große Reise nach Neuseeland machen. Mir ist es sehr wichtig, in Elternzeit zu gehen, weil ich Angst um die Beziehung zu meinem Kind habe. Für die Kindesentwicklung sind die ersten zwei, drei Jahre emotional die wichtigsten."

Die beiden waren sich also einig, jedoch sollten sie noch auf große Hindernisse stoßen, aber davon lest ihr später mehr.

Wenn Väter in der Elternzeit Elterngeld beanspruchen wollen, müssen sie mindestens zwei Monate Elternzeit nehmen. Zwar wächst die Zahl der Männer, die länger Elternzeit nehmen, aber sie sind von den Durchschnittszeiten der Mütter (circa zwölf Monate) noch weit entfernt. Warum empfehlen wir also dringend, mehr als zwei Monate Papa-Elternzeit zu nehmen und in dieser Zeit auch bitte nicht zu verreisen?

Bleibt zu Hause!

Klar, eigentlich ist die große gemeinsame Reise doch eine sehr schöne Idee: Unterwegs kann man als Familie so richtig zusammenfinden. Mama und Papa sind entspannt und genießen die Zeit mit dem Baby. Aber: Urlaub ist eine Ausnahmesituation – und der Alltag ist etwas völlig anderes. Im Meistern des Alltags liegt nämlich die wahre Herausforderung. Warum, das wird euch sicher im Laufe dieses Kapitels klar.

Um Marie im Wochenbett, also in den ersten Wochen nach der Geburt, zu unterstützen, hatte ihr Freund seinen Jahresurlaub auf die Zeit nach der Geburt gelegt. Mit der Planung hat das nicht zu 100 Prozent geklappt, denn Babys halten sich ja selten an den Geburtstermin. Zumindest war er, nachdem das Baby eine Woche alt war, dann für vier Wochen zu Hause. Er hat von Anfang an mit angepackt. Viele Väter gehen wenige Tage oder spätestens zwei Wochen nach der Geburt des Kindes wieder arbeiten. Versucht unbedingt, das anders zu planen. Erstens ist das Wochenbett eine wahnsinnig intensive, fragile Zeit, in der keine Mutter alleingelassen werden sollte – zweitens schleichen sich damit schon Muster ein, die ihr ja eben nicht leben wollt.

Papa schaukelt den Laden

Maries Partner ging in Elternzeit, als das Baby ungefähr sechs Monate alt war, und es war verrückt, wie schnell er „besser“ im Erkennen der Bedürfnisse des Sohnes war als Marie! Von wegen Mama-Intuition. Wer mehr Zeit mit dem Baby verbringt, der weiß einfach besser Bescheid als der andere. Und wenn das der Papa ist, dann denkt und fühlt auch er mit. Er merkt, wenn das Kind müde ist und Ruhe braucht, er weiß, dass man Windeln einpacken muss und eine Trinkflasche, wenn man rausgeht. Er spürt, wenn Füttern oder andere Dinge anstehen, er weiß, dass nebenbei auch noch die Wäsche gemacht werden sollte, er kennt die Herausforderungen, die so ein Tag mit Kind und Haushalt bringt, wenn man beides alleine wuppt.

Deshalb ist es so wichtig, dass Väter auch alleine Zeit mit ihren Kindern verbringen. So bauen sie ihre ganz eigene Beziehung zum Kind auf, entwickeln Strategien, meistern Hürden und schaffen mit ihrer frühen Erziehungsarbeit das Fundament der zukünftigen Papa-Kind-Bindung. Und noch etwas ist wichtig: In der Zeit alleine mit dem Kind lernen Väter Erziehungsarbeit erst wirklich zu schätzen, denn sie merken, wie anstrengend es sein kann, sich um so ein kleines Lebewesen zu kümmern. Diese Väter würden nie im Leben behaupten, dass Elternzeit „Urlaub“ sei.

Es wird also deutlich: Väter, nehmt Elternzeit! Für viele Männer ist diese Zeit zudem das erste Mal, dass sie raus aus dem beruflichen Hamsterrad kommen. Höchstwahrscheinlich kommt ihnen nun der Job plötzlich nicht mehr wie das Wichtigste auf der Welt vor, und sie merken, dass sie im Beruf eben doch nicht unersetzlich sind. Die erste Zeit mit den Kindern dagegen ist wirklich unersetzlich – sie kommt nie wieder zurück, berufliche Chancen hingegen tun das eher. Und rückblickend erscheint das halbe Jahr, das man sich aus dem Beruf zurückgezogen hat, doch auch unmerklich kurz.

Vorteile für Väter, die in Elternzeit gehen

- Väter sind später gewillter, ihre Arbeitszeit für die Familie zu reduzieren (laut des Väterreports des Bundesministeriums für Familie, Senioren, Frauen und Jugend aus dem Jahr 2018 hat jeder Vierte im Anschluss an die Elternzeit seine Arbeitszeit reduziert).
- Aus ihnen werden aktiviere Väter.
- Sie haben eine engere Bindung zum Kind.
- Auch Jahre später ist die Familienarbeit gleichmäßiger zwischen den Partnern aufgeteilt.

Wie teilen wir die Elternzeit auf?

„In Deutschland gehen Männer und Frauen als modernes Paar in den Kreißsaal hinein und kommen als 50er-Jahre-Paar wieder heraus“, so beschreibt es der ehemalige Väterbeauftragte der Berliner Charité, Jakob Hein in der *Berliner Morgenpost* (22.05.2017). Genau das wollten Marie und ihr Partner nicht. „Ich mach das erste halbe Jahr und du das zweite halbe Jahr!“, sagte sie zu ihm. Das war sonnenklar, und es passte zu ihrer Vorstellung, dass sie ungefähr ein halbes Jahr stillen wollte. Praktischerweise hatten die beiden zudem ein Kind gezeugt, das ziemlich genau zum Anfang des neuen Kita-Jahres 12 Monate alt wurde. Was für ein Timing!

Individuelle Aufteilung

So sollte die Aufteilung für Marie und ihren Freund gut passen – aber wie ihr euch schon denken werdet: Jede Situation ist anders. Oft weiß man auch nicht genau, ab wann das Kind in die Betreuung geht, und deswegen ist die Planung der Elternzeit auch sehr unterschiedlich. Auch Stillen ist ein nicht zu unterschätzender Faktor, für den es auch individuelle Lösungen gibt: Manche Mütter pumpen regelmäßig ab und bringen die Milch dann mit nach Hause, oder der Papa bringt das Baby für die Stillmahlzeiten ins Büro. In den USA gibt es sogar eine Firma („milkstork"), die Milch per Express-Kurier quer durch das Land schickt, damit das Baby mit Milch versorgt wird, wenn Mama auf Dienstreise ist. Sprecht am besten offen miteinander, schaut, wie eure Arbeitgeber drauf sind, und überlegt, welche Vorstellungen ihr habt. In den allermeisten Fällen sind es die Frauen, die länger in Elternzeit gehen. Wenn das so ist und man es sich so gewünscht hat, ist das natürlich in Ordnung. Aber oft schlittert man da auch so rein, weil es vermeintliche Zwänge gibt.

Aber bei uns geht das nicht

Ihr macht euch Sorgen, dass eine geteilte Elternzeit finanziell nicht funktionieren könnte? Dass der Arbeitgeber des Mannes sich querstellt? Auch für Frauen ist es nicht immer einfach, Elternzeit zu nehmen. Hinterfragt also: Kann der Partner *wirklich* nicht mehr als zwei Monate Elternzeit nehmen oder muss er/sie es stärker beim Arbeitgeber einfordern? Vielleicht kann man selbst kreative Lösungsvorschläge liefern? Und: Wenn es finanziell tatsächlich nicht anders geht, als dass ein Elternteil wenig oder gar keine Elternzeit nehmen kann, dann ist es so. Allerdings hilft auch hier, sich zu überlegen: Geht es wirklich nicht? Kommen wir nicht doch über einen gewissen Zeitraum mit weniger Einkommen aus? Oder sparen wir vorab einen finanziellen Puffer an? Oft stehen auch die verschiedenen Rollenverständnisse im Weg. Es hilft, diese zu hinterfragen. Verspürt der Partner den Druck, sich als Versorger zu positionieren? Fühlt sich die Mama doch insgeheim als Hauptverantwortliche für das Baby?

Übrigens: Wenn das Karriere-Argument kommt, der Partner also aufgrund „seiner Karriere" keine Elternzeit nehmen kann, so ist ein mögliches Gegenargument dazu: Es gibt keine Belege dafür, dass der befürchtete Karriereknick mehr als nur temporär sein wird. Und überhaupt: Frauen haben diese vermeintlichen Nachteile im Berufsleben genauso. Warum sollten nicht beide eine Weile Nachteile in Kauf nehmen und die Kinderbetreuungszeit damit fairer für beide Elternteile gestalten? Es spricht schlicht nichts dagegen, dass Väter genauso wie Mütter ihren Teil der Fürsorgearbeit erledigen. So abgedroschen es klingen mag: Wo ein Wille ist, ist meistens auch ein Weg. Es müssen nur beide wollen.

Natürlich geschieht das immer im vorsichtigen Abwägen. Selbstverständlich sollte man schauen, ob man rechtlich auf der sicheren Seite ist (beispielsweise kann die Frage: „Bin ich noch in Probezeit – kann man mir also kündigen?“ sehr bedeutend sein). Denn auch die progressivsten Einstellungen helfen nicht, wenn die Miete nicht mehr gezahlt werden kann oder einer seinen Job verliert. Wir haben am Ende des Kapitels noch einen Expertinnenrat für euch, wie es beim Arbeitgeber mit der gemeinsamen Elternzeit klappen kann und ein paar Hinweise, was es zu beachten gilt.

Langfristig denken

Es muss aber auch gesagt werden: In vielen Fällen geht es Familien, in denen beide Elternteile Elternzeit nehmen, langfristig finanziell besser. Denn so kann auch die Mutter wieder in ihren Job einsteigen, ihre Karrierechancen erhöhen sich und beide Eltern können das Familieneinkommen stärken. Und auch wenn die Ausgangspositionen unterschiedlich sind, ist es wichtig, der Arbeit beider gleich viel Bedeutsamkeit beizumessen. Ist der Altersunterschied etwas größer, und sie ist gerade erst fertig mit dem Studium, könnte man dazu tendieren, dass sie in Elternzeit geht und sich danach einen Job in Teilzeit sucht. Wenn man das so handhabt, stellt sich die Frage: Wie soll sie jemals beruflich aufsteigen?

Bei Marie war das so: Ihr Freund ist Arzt und seine Elternzeit war in seinem besonders kleinen Ärzteteam schwer zu realisieren. Zeitweise sah es tatsächlich so aus, als könne er nur zwei Monate Elternzeit nehmen. Es waren viele Absprachen nötig (und vermutlich auch einiges an Durchsetzungskraft), aber letztlich konnte er etwa fünf Monate Elternzeit nehmen. Das war nicht genau das, was Marie und ihr Partner sich vorgestellt hatten, aber sie konnten damit arbeiten. Wenn es also nicht genau nach fifty-fifty-Plan klappt, ist das okay. Der erwerbstätige Partner kann auch in viele Aufgabenbereiche zu Hause und in der Care-Arbeit mit eingebunden werden.

Die ersten gemeinsamen Wochen sind ungeheuer wichtig

Das Wichtigste vorab: Das Wochenbett ist eine wichtige Phase und bedeutend für alles, was danach kommt. Hier entstehen schon Verhaltensmuster, die man schwer wieder ablegen kann. Zudem gibt es mehrere Studien, die nahelegen, dass eine Wochenbettdepression vermieden werden kann, wenn die Mutter in den ersten Wochen nach der Geburt nicht alleingelassen wird, wenn sie sich erholen kann von den Strapazen der Schwangerschaft und Geburt. Laut einem Artikel in der *New York Times* (04.06.2019) hat man zum Beispiel in Schweden festgestellt, dass sich das Risiko für eine postnatale Angststörung und die Einnahme von Antibiotika vermindern, wenn der Vater nach der Geburt zu Hause ist. So hat die Mutter die Zeit, mit dem Baby anzukommen, das Stillen zu erlernen, und muss sich dabei nicht gleich alleine oder überfordert fühlen. Für die ganze Familie ist diese Zeit besonders: Man muss sich an die neue Situation gewöhnen, ob nun Geschwisterkinder da sind oder nicht. Die Zeit im Wochenbett ist ein vorsichtiges Sich-Herantasten an das neue Leben. Niemand weiß vorher, wie es einem nach der Geburt eines Kindes geht. Der Partner ist in dieser ganz besonderen, sensiblen und vulnerablen Zeit so, so wichtig!

Die beste Regel für das Wochenbett: Papa kümmert sich um alles

Papa kümmert sich um alles, nur das Stillen übernimmt die Mutter (in manchen Fällen kann das auch der Vater übernehmen oder man teilt sich das Stillen, dazu später mehr). Papa wickelt, bekleidet und trägt das Baby herum. Papa geht einkaufen, kocht und betreut Geschwisterkinder. Er schmeißt den Haushalt. Er läuft zur Apotheke oder in den Drogeriemarkt. Er bringt der Mama etwas zu essen ans Bett, ein Glas Wasser, wenn sie stillt (es gibt nie genug Wasser griffbereit, wenn man stillt, wirklich nie!). Seine Partnerin braucht Ruhe und Schlaf. Und vor allem braucht sie den Partner! Auch zur emotionalen Unterstützung.

Die Hormonumstellung nach einer Geburt ist oft eine Gefühlsachterbahn. Der Babyblues ist real. Nicht umsonst nennen viele den Beginn des Wochenbetts auch die „Heultage“. Ein Partner, der unterstützt, auch emotional, ist maßgebend für das Wohlbefinden und einen erfolgreichen Start in das neue Familienleben. Die Wichtigkeit von Kuscheleinheiten und Umarmungen wird vollkommen unterschätzt – nicht für das Baby, okay, *auch* für das Baby – aber vor allem zwischen den Eltern! Manchmal fühlt man sich fast ein wenig wie ein Nutztier, das seine Arbeit, das Kind zu gebären, nun geleistet hat, und jetzt ist nur noch eine erschöpfte Hülle übrig. Und diese braucht Liebe und Zuwendung, um sich wieder als Mensch zu fühlen. Sie braucht Zuspruch und Unterstützung. Väter, die in der Zeit des Wochenbetts anwesend sind, gehen den ersten wichtigen Schritt in Richtung einer starken Familie.

Was Papa in der Zeit des Wochenbetts machen kann

- einkaufen
- Suppe kochen
- das Bett frisch beziehen
- Blumen kaufen
- das Baby wickeln und herumtragen
- mit Mama kuscheln
- Arzttermine für die U-Untersuchungen vereinbaren
- Besuch organisieren (oder auch abwehren!)

Der Grundstein für die Familie

In der Phase Wochenbett wird das Fundament für die Zeit danach gelegt. Auch für den Papa ist die Situation ja neu, vielleicht auch überwältigend. Auch er braucht Zeit, um anzukommen mit dem Baby. Für die Bindung sind die ersten Wochen unersetzlich. Von Anfang an kennt das Baby den Geruch von Papa, seine Stimme, seine Körperwärme. Das Papa-Baby-Bonding, also dass das Baby Geborgenheit und Vertrauen beim Papa findet, ist die Grundlage für den Aufbau der Papa-Kind-Beziehung. Wir sagen immer wieder: Väter, unterschätzt die erste Zeit mit dem Baby nicht!

ALLTAGSTIPP: FALLS DER PARTNER NICHT DA SEIN KANN

Wenn der Partner in der Zeit nach der Geburt nur wenig da sein kann, holt euch anderweitig Hilfe, nebst einer Hebamme natürlich – ihr werdet sie brauchen! Die eigene Mutter, eine Freundin oder auch eine Mütterpflegerin, die regelmäßig kommt, kann unterstützen. Diese Mütterpflegerin bezahlen übrigens die allermeisten Krankenkassen. Viel zu wenige wissen, dass es dieses tolle Angebot gibt. Erkundigt euch am besten frühzeitig bei eurer Krankenkasse.

Papa ist für das Baby da

Entgegen der immer noch weitverbreiteten Annahme, dass Väter manche Dinge einfach nicht so gut können wie Mütter, können Väter so ziemlich alles, wenn man sie machen lässt.

Auch Papa kann beruhigen

Das Baby schreit. Es ist spät am Abend. Alle sind hundemüde. Getrunken hat es schon. Hungrig ist es nicht. Klar, das Baby will zu Mama, denken viele jetzt. Aber auch Papas können beruhigen! Dass Mamas Brust ein wunderschöner Ort ist, um einzuschlafen, finden die meisten Babys. Genauso kann Papas Brust oder Bauch aber auch zu einem Wohlfühlort werden – und das am besten schon von Anfang an. Jedes Baby ist individuell und hat seine ganz eigenen Vorlieben – ob es herumgetragen werden möchte oder sich durch Singen beruhigen lässt, ob es sich in einer Babytrage ganz nah an Papas Körper kuscheln kann oder neben ihm liegt und sich streicheln lässt – mit etwas Geduld finden Papa und Baby ein individuelles Beruhigungsritual. Es muss eben nicht immer die Mama sein. Besonders, wenn die Papa-Elternzeit anfängt, kann man sich erst einmal nicht vorstellen, wie es ohne Mama funktionieren soll, aber es geht! Und in den meisten Fällen geht es sogar richtig gut.

Papa kann stillen

Dafür sollte Papa aber auch schon vor der eigenen Elternzeit das Baby kennengelernt haben: Das heißt, er kann es beruhigen und weiß, welche Bedürfnisse es hat. Idealerweise war er während der Zeit des Wochenbetts zu Hause. Um zurück zu unserem anfänglichen Beispiel zu kommen: Wenn das Baby schreit, versucht nicht immer (auch wenn es erst mal der einfachste und schnellste Weg zu sein scheint), das Baby Mama zu übergeben, sondern teilt euch diese Aufgabe auf. Irgendwann wird auch Papa das Baby stillen, also beruhigen können und hat so die Möglichkeit, eine enge Bindung zum Kind aufzubauen. Außerdem ist Mama dann auch mal entlastet und Papa gut auf die Elternzeit vorbereitet. Stillen kann natürlich auch bedeuten, dass Papa das Fläschchen gibt. Ihr könnt es mit Abpumpen versuchen, oder mit Pre-Milch, wenn ihr das möchtet.

Autor und Zweifach-Papa Jochen König (https://jochenkoenig.net) sieht es so:

Ich möchte ein Vater sein, der mit ebensolcher Selbstverständlichkeit sagt: Ich kann stillen! Ich kann das vielleicht nicht mit meiner Brust und benötige dazu gewisse technische Hilfsmittel. Auch hat meine Milch nicht automatisch die optimale Temperatur, sondern ich muss sehr bewusst darauf achten. Es gibt Mütter, die benötigen zum Stillen ebenfalls technische Hilfsmittel, wie beispielsweise Stillhütchen. Können diese Mütter deshalb nicht stillen? Ich benötige Flasche, Sauger und Milch zum Anrühren. Väter können stillen. Sicherlich bliebe das nicht ohne Konsequenzen, wenn sich ein Paar dazu entscheidet, dass sie sich diese Aufgabe teilen möchten. Es würde höchstwahrscheinlich bedeuten, dass die Mutter auch ihren Teil des Stillens nicht mehr mit der eigenen Brust erledigen kann. Es gibt also auch durchaus nachvollziehbare Gründe sich dagegen zu entscheiden, diese Aufgabe aufzuteilen. Egal wie sich ein Paar entscheidet: Diese Aufgabe nicht zu teilen, scheitert nicht grundsätzlich am „Können", sondern am „Wollen" (in erster Linie am „Wollen" der Väter). Und wenn der Vater nicht „will" und die Aufgabe wie selbstverständlich der Mutter zuweist, scheitert das Teilen der Aufgabe aus Sicht der Mutter natürlich auch wieder am „Können".

Wie so vieles kann man also auch das Argument „Ich kann ja nicht stillen und deshalb übernimmt die Mutter das Betreuen des Babys" hinterfragen.

ALLTAGSTIPP: EIGENE RITUALE FINDEN

Um das Baby zu beruhigen oder in den Schlaf zu begleiten, kann Papa zum Beispiel auf einem großen Gymnastikball oder in der Babytrage wippen. Das ist nicht ganz so anstrengend wie das lange Umhertragen und funktioniert bei vielen Babys gut. Papa hat zwar keine Brüste, aber kann genauso Körperwärme und Zuneigung geben. Vielleicht badet er das Baby vorher noch. So können Väter ihre ganz eigenen Rituale mit dem Kind entstehen lassen, die dem Baby Sicherheit und Geborgenheit geben.

Das Beistellbett auf Papas Seite

Fast zehn Monate schleppen Mamas das Kindchen im Bauch mit sich umher. Zehn Monate, die wunderschön sein können, aber auch ganz schön anstrengend. Marie hat es so erlebt: „Als mein zweiter Sohn auf die Welt kam, war ich ziemlich froh, dass ich nun dieses kleine Würmchen nicht mehr alleine tragen musste. Die Vorstellung, dass wir die Verantwortung und Sorge teilen konnten, hat mich enorm entlastet und so beschlossen wir auch, das Baby nicht auf meiner Seite im Beistellbettchen schlafen zu lassen, sondern auf der Seite meines Freundes. Ich war allerdings auch skeptisch: Wie sollte das gehen? Ich stille doch! Die einfache Lösung: Mein Freund reichte mir das Baby zum Stillen. So bekam er das Baby nachts auch mit, wusste, wann es Hunger hatte. Und ich war damals heilfroh, das Baby nach fast zehn Monaten Schwangerschaft auf Papas Seite schlafen zu lassen – immerhin hatte ich es nun schon so lange bei mir, dass ich fand, nun ist Papa mal an der Reihe!“

Das Kind kennenlernen

Das Beistellbett auf Papas Seite ist ein wunderbarer Weg, mit dem Väter von Anfang an eine Beziehung zum Kind aufbauen und in dessen Umsorgen fest eingebunden sind. Sie übernehmen quasi nachts die Verantwortung. Für Marie war das unheimlich entlastend. Sie konnte die Augen schließen und wusste, das Kind ist in den besten Händen, die sie sich vorstellen konnte: bei seinem Papa. Und der konnte nun auch voll und ganz in das Elterngefühl hineintauchen. Solltet ihr nicht stillen, sondern Pre-Milch geben, kann Papa natürlich sowieso mit eingebunden werden. Manche sprechen sich auch ab – du übernimmst die erste Fütterung und ich die zweite.

DENKANSTOSS: MARIES ERFAHRUNG MIT DEM WEGGEHEN

Marie ist in ihrer Elternzeit regelmäßig auch mal ohne das Baby vor die Tür gegangen und hat dem Papa Zeit mit dem Baby ermöglicht – ohne dass Mama um die Ecke ist. Für beide war das richtig schön und ein wichtiger Schritt in Richtung Papa-Kind-Bindung. Sobald das Kind abgestillt war, ist Marie sogar mit einer Freundin übers Wochenende weggefahren. Der Vater blieb mit dem Baby zu Hause. Danach hat man richtig gemerkt, wie gut die gemeinsame Zeit den beiden getan hat!

Aufgabenbereiche aufteilen

Auch während der Elternzeit ist es sinnvoll, nicht einem Partner die komplette Hausarbeit zu überlassen. Die Betreuung eines Kindes ist ziemlich viel Arbeit, und den betreuenden Elternteil dann auch noch mit der ganzen Hausarbeit alleinzulassen, ist meistens keine gute Lösung. Am besten teilt man die Aufgabenbereiche auf, aber natürlich so, dass es für beide passt und sich gerecht anfühlt. Den Müll runterzubringen ist vielleicht einfacher für den berufstätigen Elternteil, der das morgens einfach auf dem Weg aus dem Haus erledigt. Einkaufen zu gehen ist vielleicht naheliegender für den betreuenden Elternteil, denn vormittags sind die Supermärkte leerer und der Einkauf ist schneller erledigt.

ALLTAGSTIPP: LOSLASSEN LERNEN

Die Kontrolle abzugeben ist gerade für Mamas eine wichtige Übung. Wir sind oft in der Vorstellung erzogen worden, dass ein Baby immer zur Mama gehört und Mamas die Hauptverantwortung tragen. Sich davon loszusagen bedeutet, dem Papa wirklich eine echte Chance zu geben. Und es ist wahnsinnig befreiend und ein schönes Gefühl, wenn man weiß, dass das Baby bei Papa in guten Händen ist.

Auch ein Babytag ist ein Arbeitstag

Aber auch die Umsorgung und Pflege des Babys kann man sich aufteilen: Wie oben schon beschrieben, sogar nachts: Sie stillt, er reicht ihr das Kind und wickelt es auch. Mama nimmt nach einem Babytag mal ein Bad – und Papa schauckelt das Baby in den Schlaf. Hier ist Folgendes wichtig: Auch der betreuende Elternteil hatte einen anstrengenden Arbeitstag, er hat das Baby umsorgt, viel im Haushalt erledigt. Wir beobachten oft, dass der erwerbstätige Elternteil verlangt, am Abend in Ruhe gelassen zu werden und dabei verkennt, dass der „zu Hause gebliebene" Elternteil ja auch einen Arbeitstag hinter sich hat, einen Care-Arbeitstag!

Wenn Papa oder Mama aus dem Büro kommen und sich erst einmal mit dem Smartphone in der Hand auf die Couch fallen lassen, ist Missmut beim anderen Elternteil vorprogrammiert. Verständlicherweise! Denn vielleicht hat man schon seine Chance gewittert, endlich mal in Ruhe zur Toilette zu gehen. Oder einfach mal kurz durchzuatmen.

Der Expertinnenrat von Sandra Runge
Die Rechtsanwältin schreibt auf ihrer Seite smartmama.de über Elternrechte und ist Autorin des Rechtsratgebers „Don't Worry, be Mami".

„Viele Eltern wissen gar nicht, dass Vater und Mutter jeweils 36 Monate Elternzeit nehmen können – davon bis zu 24 Monate zwischen dem 3. und 8. Lebensjahr des Kindes. Die Elternzeit kann in 3 Zeitabschnitte aufgeteilt werden, sodass jeder Elternteil flexibel – parallel oder nacheinander – mit dem Job pausieren kann.

Achtung, für eine wirksame Elternzeit-Anmeldung müssen bestimmte Formalien eingehalten werden.
- *Die Elternzeit muss immer schriftlich beim Arbeitgeber (auf Papier, mit eigenhändiger Unterschrift) und unter Einhaltung besonderer Fristen angemeldet werden:*
- *Bis zum 3. Lebensjahr des Kindes mindestens 7 Wochen vor Elternzeitbeginn, zwischen dem 3. und 8. Lebensjahr des Kindes mindestens 13 Wochen vorher.*

Während der Elternzeit besteht Sonderkündigungsschutz – d.h. der Arbeitsvertrag darf nur mit Zustimmung der zuständigen Arbeitsschutz-Behörde gekündigt werden. Der Elternzeit-Sonderkündigungsschutz beginnt frühestens 8 Wochen vor Beginn einer Elternzeit bis zum 3. Lebensjahr des Kindes bzw. frühestens 14 Wochen vor Beginn einer Elternzeit zwischen dem 3. und 8. Lebensjahr des Kindes. Leider dauert dieser Sonderkündigungsschutz wirklich nur bis zum letzten Tag der Elternzeit an. Eine Kündigung ohne Sonderkündigungsschutz ist daher gleich am ersten Tag nach der Elternzeit möglich.

Mein Tipp für Väter: Mütter haben im Gegensatz zu Vätern bereits ab dem 1. Tag der Schwangerschaft den Mutterschutz-Sonderkündigungsschutz. Väter, deren Job wackelt, sollten daher aufpassen, dass sie nicht zu früh Elternzeit anmelden, sonst kann es passieren, dass der Arbeitgeber schnell noch vor Beginn des Sonderkündigungsschutz den Job kündigt.

Wenn einer oder beide selbstständig sind, gilt: Die Elterngeld-Bemessungsgrundlage hängt von der Art der Beschäftigung der Eltern ab. Wenn der antragstellende Elternteil angestellt tätig ist, zählt grundsätzlich das Durchschnittsgehalt der letzten 12 Kalendermonate vor der Geburt. Ist der antragstellende Elternteil selbstständig, zählt immer der letzte steuerliche Veranlagungszeitraum vor der Geburt des Kindes als Elterngeld-Bemessungszeitraum – das ist in der Regel das Kalenderjahr vor der Geburt.

Neue Flexibilität für gleichberechtigte Eltern: Toll an der Elternzeit ist auch, dass man so viele Freiheiten hat. Beide Elternteile haben während der Elternzeit einen Anspruch auf eine Teilzeittätigkeit und können neue Arbeitszeitmodelle ausprobieren – vorausgesetzt das Unternehmen beschäftigt mehr als 15 Mitarbeiter. Und auch eine Nebentätigkeit, egal ob bei einem anderen Arbeitgeber oder als Selbstständige oder Selbstständiger ist möglich, wenn der Arbeitgeber zustimmt. Im Rahmen meiner Elternzeit-Beratungen habe ich es schon oft erlebt, dass Eltern so auch über die Elternzeit hinaus einen Job finden, der sehr viel besser zu den Bedürfnissen der Familie passt.“

DER ALLTAG HOLT UNS EIN

An alles denken zu müssen – das Haus einigermaßen vorzeigbar zu halten, Arzttermine, Wäscheberge – vor allem das, was seit Kurzem als „Mental Load“ endlich einen Begriff bekommen hat, also die ganze unsichtbare Arbeit, die erledigt wird, kann buchstäblich zur Erschöpfung führen. Wie bekommt man eine gerechte Verteilung der Aufgaben im Haushalt hin? Und wie das Aufbrechen von erlernten Mustern? Wie schafft man es, im Alltag nicht den Überblick zu verlieren und fair zu bleiben?

Das ist doch keine Arbeit!

Das erste Jahr mit zwei Kindern empfand Isabel als wahnsinnig anstrengend. Das hatte viele Gründe: Ein Baby und ein Kleinkind gleichzeitig zu betreuen, ist eine ständige Achterbahnfahrt, man weiß nie, wer als Nächstes schreit, oder ob es ganz friedlich läuft. Außerdem hatte sich die anfallende Arbeit mit zwei Kindern gefühlt nicht verdoppelt, sondern eher verfünffacht. Damit ist Hausarbeit, emotionale Arbeit (Stillen, Trösten, Einschlafbegleitung) und Organisationsarbeit gemeint. Die To-do-Listen waren endlos und Isabel hatte das Gefühl, nichts zu schaffen. Fast jeden Abend schlief sie gemeinsam mit den Kindern ein, vor Erschöpfung. Sie erinnert sich: „Mir wurde irgendwann klar, dass das auch daran lag, dass ich zu dieser Zeit wenig bis gar keine Aufgaben mit meinem Partner teilte. Ich war quasi alleine für alle familiären Belange zuständig. Bei mir war es der Podcast ‚Dear Sugars' über *emotional labour* (Englisch für: Gefühlsarbeit), der mir vieles klarmachte, bei ganz vielen anderen war es der Comic ‚You should've asked' der französischen Autorin Emma Clit. Ich befasste mich schon länger mit Gleichberechtigung, aber auch für mich war es neu, diesem unsichtbaren Stress einen Namen zu geben. Ein echter AHA-Moment!"

Die ständigen To-do-Listen, die Planung, woran man denken muss, damit das Familienleben funktioniert – das alles ist eine enorme Belastung. Diese Arbeit passiert unsichtbar, sie wird nicht gesehen, meist nicht einmal von der Person, die sie verrichtet. Was müssen wir einkaufen? Oh je, die Windeln sind ja alle und die Schnuller kleben schon. Nächste Woche soll es warm werden, das Kind hat noch keine Sandalen! Welche Schuhgröße hat es jetzt? Wo kaufen wir diese Sandalen? Online oder lieber im Geschäft? Oder es steht ein Kindergeburtstag an: Was schenken wir? Bei den Eltern nachfragen, das Präsent kaufen, es einpacken, das Geschenkpapier wieder verstauen, das Hinbringen und Abholen des Kindes zur Feier klären oder einplanen. Das Baby macht den Mittagsschlaf genau zu der Zeit des Arzttermins, Himmel, hoffentlich klappt das. Davor musste man den Arzttermin erst einmal ausmachen, dafür zehn Mal anrufen und den Termin in den Kalender eintragen. Am Wochenende wollten X und Y zum Brunch kommen. Wer kümmert sich um das Einkaufen? Und die Wohnung sollte dann ja auch einigermaßen aussehen ...

Das alles – und noch viel mehr – bezeichnet man als Mental Load. Und aus irgendeinem Grund, den ihr euch wahrscheinlich denken könnt, kennen dieses Gefühl, an alles denken zu müssen, vielleicht sogar nicht schlafen zu können, weil der Kopf vor lauter To-dos nicht aufhört zu rattern, fast nur Frauen. Einzeln für sich genommen sind all diese Aufgaben vielleicht nicht der Rede wert. In der Häufung aber werden sie zu einer enormen Belastung. Wer sie mit einem Partner teilt, kann nur gewinnen.

Das Kümmer-Gen gibt es nicht!

Viele Frauen berichten uns, dass ihre Männer *immer* abschalten können. Dass sie abends einfach ins Bett gehen und das Chaos in der Küche Chaos sein lassen. Dass sie „andere Sauberkeitsstandards" hätten, dass sie viel öfter Lust auf Sex hätten, weil dieses An-nichts-denken-Müssen das überhaupt erst zulässt. Dass sie zwar mal kochen, dann aber alles stehen lassen. Dass sie immer ihre Socken auf dem Boden liegen lassen, und am Ende der Woche liegen dann eben sieben Paar Socken vor dem Bett. Dass sie zwar die Kinder betreuen, parallel aber nichts in Sachen Haushalt passiert. Dass sie, wenn sie viel arbeiten, *nichts* anderes machen können.

Ist das genetisch bedingt? Das fragen sich viele. Und das ist es natürlich nicht. Es ist einfach nur anerzogen. Es geht hier wieder um die große Frage, wer sich verantwortlich fühlt. Das sind meistens weibliche Wesen. Weil es schon immer so war, die eigene Mutter schon immer allen hinterhergeräumt und sich um alles gekümmert hat. Mädchen bekommen auch heute noch eher Puppen und Spielküchen geschenkt, so als sei ihre Rolle vorherbestimmt.

Der Mental Load ist, genauso wie die Hausarbeit, mit einem kleinen Baby noch überschaubar. Je älter das Kind wird und je mehr Kinder es werden, desto größer wird der Haufen an Aufgaben, der fast täglich erledigt werden muss. Am Anfang ist einem noch gar nicht klar, was daran eigentlich so anstrengend sein soll – aber irgendwann wird es immer mehr, und es ist nicht unwahrscheinlich, dass es einen irgendwann erschlägt. Und wer immer an alles alleine denken muss, kann auch nicht mehr so gut im Job performen – außerdem denken die Personen, die ständig die Kümmer- und Denkarbeit für andere erledigen, in der Regel als Allerletztes an sich selbst, was auch nie gesund ist.

Was Isabel damals getan hat? Sie hat ganze Aufgabenbereiche in Absprache komplett an ihren Partner übertragen. Er war zum Beispiel nach dem Gespräch fürs Nägelschneiden zuständig (immerhin 40 Nägel jede Woche bei zwei Kindern, und wenn die darauf gerade keine Lust haben, dann kann das auch mal eine halbe Stunde dauern) und für die Arzttermine. Ein paar Tage später beschwerte er sich: „Ich versuche seit vier Stunden beim Kinderarzt durchzukommen, um den Termin für die nächste U-Untersuchung zu machen, das ist ja der reine Wahnsinn!" Und Isabel nickte wissend und sagte: „Ja, ich weiß!" Die Dimension vieler Aufgaben wird eben erst klar, wenn man sie mal selbst gemacht hat.

KOMMENTAR
Ich werde immer wieder gefragt, ob ich keine anderen Probleme hätte als die Frage, wer die Zahnpasta auf den Einkaufszettel schreibt. Das zeigt, wie viele Menschen es lächerlich finden, dass Frauen anfangen,

sich gegen ungerecht verteilte Arbeit zu wehren und eine Revolution zu Hause, sowie in der Gesellschaft zu fordern. Mental Load ist kein Luxusproblem, denn es hält Frauen davon ab, ein zufriedenes und freies Leben zu führen und nagt noch dazu an unseren Beziehungen. Klar ist Mental Load auch deshalb so schwer zu erklären, weil es die Masse an Kleinigkeiten ist, an die es zu denken gilt. Lauter kleine Aufgaben, die einen ganzen Rattenschwanz an Arbeitsschritten nach sich ziehen, müssen erinnert, geplant und ausgeführt werden. Es ist kein Problem, sich um Zahnpasta zu kümmern. Aber es ist ein Problem, sich um alles zu kümmern, was den Tagesablauf aufrecht, die Kinder gesund und zufrieden und die Vorräte gefüllt hält.

Laura Fröhlich, Autorin und Speakerin

Care-, Gefühls- und mentale Arbeit

All die unsichtbare, unbezahlte Arbeit, die bisher meist Frauen leisten, lässt sich sogar noch mal untergliedern. Unter Care-Arbeit fällt Kinderbetreuung oder die Pflege von Angehörigen und die Hausarbeit. Die mentale Arbeit ist der Mental Load, also die Organisationsarbeit, eben an alles zu denken, sich für alles verantwortlich zu fühlen.

Als „Gefühlsarbeit“ wird ein weiterer Aspekt von Fürsorgearbeit bezeichnet, nämlich der, sich darum zu kümmern, dass es allen Familienmitgliedern emotional gut geht. „Man muss in der Lage sein, mühelos und je nach Bedarf der Familie von einer Art Sorgearbeit auf die nächste umzuschalten – von der Geschichtenerzählerin zur Beraterin, und zwar innerhalb der Zeitspanne, die es braucht, um eine Tasse Milch über dein letztes noch sauberes T-Shirt zu kippen,“ schreibt die amerikanische Journalistin Gemma Hartley in ihrem Buch „Es reicht“. Emotionen und Signale des Babys lesen, Wutanfälle begleiten (und dabei die eigenen Gefühle unterdrücken), den Tonfall so verändern, dass niemand sich angegriffen fühlt, sich um die Erhaltung der Paarbeziehung kümmern, auch weiterführende Beziehungspflege, Freunde einladen, die Schwiegereltern anrufen. Das sind alles Beispiele für Gefühlsarbeit in der Familie. „Frauen fühlen sich aus Gründen der Sozialisation für die gute Stimmung in der Familie verantwortlich“, schreibt Laura Fröhlich in „Die Frau fürs Leben ist nicht das Mädchen für alles“ und auch: „Gefühlsarbeit ist die unsichtbarste aller Arbeiten.“

Sich von der Verantwortung für die Gefühle der anderen und dem Druck, dafür die eigenen Gefühle zu regulieren, als Frau frei zu machen, ist extrem schwer. Aber für dieses Phänomen Sichtbarkeit zu schaffen, ist ein erster Schritt!

Unsichtbare Arbeit reduzieren und teilen

Wenn ihr dieses Buch in der Hand habt, ist es euer Ziel, all die sichtbaren und unsichtbaren Aufgaben, die damit einhergehen, dass man als Familie zusammenlebt, gerecht aufzuteilen. Wie ihr das am Ende genau macht, dafür gibt es mal wieder keine klaren Regeln. Natürlich könnte man per se sagen: Schraubt eure Standards nach unten! Wer nur alle paar Monate durch die Wohnung saugt und zum Geburtstag prinzipiell einen gefrorenen Kuchen kauft, anstatt diesen selbst zu backen, hat natürlich weniger Arbeit. Aber vielleicht macht euch das nicht glücklich!

An erster Stelle steht immer, die Arbeit, die anfällt, zu sehen. Danach kann man damit beginnen, zu überlegen, wer was übernimmt. Stellt euch folgende Fragen: Wie wichtig ist es mir, dass unser Zuhause einem bestimmten Sauberkeitsstandard entspricht, und warum ist das so?

Wenn die Standards der Partner sehr weit auseinandergehen, ist es sinnvoll, Kompromisse zu suchen. Darüber sprechen ist aber immer der erste Schritt. Sich nach dem „Warum“ zu fragen, kann aber auch sehr erhellend sein. Möchte ich zum Beispiel, dass es blitzt und blinkt, weil ich eventuellen Besuch beeindrucken will? Wenn das der Fall ist, kann man das ja auch mal hinterfragen. Welche Aufgaben im Haushalt mache ich gerne, welche nicht so gerne, welche finde ich wirklich richtig fürchterlich?

Einer kocht gerne, der andere dekoriert gerne, wieder ein anderer liebt backen. Man kann also nicht per se sagen, dass Dinge anstrengend sind. Es ist Quatsch, eine Mutter anzugehen, weil sie zum Beispiel einen aufwendigen Kuchen für den Kindergeburtstag backt und auch noch immer frische Blumen auf dem Küchentisch stehen hat. Vielleicht entspannt sie beim Backen und die Blumen geben ihr Kraft. Care- und mentale Arbeit lassen sich an vielen Stellen reduzieren, aber hier hat jeder andere Ansprüche. Die Menschen sind unterschiedlich belastbar, sie haben unterschiedliche Interessen und Entspannungsstrategien, sie können sich auch unterschiedlich gut strukturieren und organisieren. Für alle gilt aber: Wer teilt, hat weniger Stress.

Als Erstes alle Aufgaben definieren

Im Kapitel „Die Eltern-Checklisten“ findet ihr eine lange Liste mit Aufgaben, die in den allermeisten Familienhaushalten anfallen. In der rechten Spalte findet ihr Angaben dazu, wie häufig diese Aufgaben anfallen. Tatsächlich ist es nämlich in traditionellen Partnerschaften sehr oft so, dass sie die eher weiblich zugeschriebenen Aufgaben übernimmt (Wäsche, Kochen, Putzen), während er die eher männlichen übernimmt (Rasen mähen, TÜV, Glühbirnen wechseln). Erstere müssen aber wesentlich öfter, nicht selten täglich erledigt werden, während der TÜV zum Beispiel nur alle zwei bis drei Jahre ansteht.

Wie könnte man die Aufgaben aufteilen?

Geht die Liste durch und entscheidet individuell, wer was gerne und nicht gerne macht. Vergesst nicht die mentale Arbeit, die im Hintergrund oft anfällt (zum Beispiel beim Vereinbaren eines Arzttermins: bei Facebook nachfragen, welcher Arzt gut ist, die Google-Bewertungen lesen, dann zehn Mal beim ausgewählten Arzt anrufen, bis man durchkommt, Termin vereinbaren, Termin eintragen, Termin organisieren – muss ein Kind früher abgeholt werden, damit man es schafft? – Termin wahrnehmen). Denkt auch immer an die emotionale Arbeit, die unsichtbar anfällt. Vielleicht findet ihr so automatisch ein Konstrukt, das für euch fair ist.

Es ist sehr sinnvoll, ganze Aufgabenbereiche aufzuteilen, und nicht nur einzelne To-dos. Beispiel: Er macht alle Arzttermine, sie kümmert sich um die Urlaubsrecherche. Er ist komplett für die Wäsche zuständig, sie schafft die Kinderkleidung an. Nur bei sehr großen Aufgabenbereichen (zum Beispiel Essensplanung und Lebensmittel einkaufen) kann es praktisch sein, wenn beide sich darum kümmern. Wenn es richtig gut läuft, macht am Ende jeder das, was er gerne tut und vielleicht auch gut kann. Und jetzt bitte nicht sagen, dass alle typisch weiblichen Aufgaben gerne die Frau macht und umgekehrt!

Bei genauerem Hinsehen finden sich da sicher die jeweiligen Vorlieben. Er plant gerne? Soll er den Urlaub machen. Sie liebt Mode? Soll sie sich um die Kleidung kümmern. Er ist der Sozialere? Soll er die Elternabende machen. Und so weiter. In besagtem Podcast „Dear sugars“ hat Cheryl Strayed erzählt, dass sie es mit ihrem Partner so macht, dass sie den gesamten Mental Load der Familie verwaltet, also die komplette Projektleitung: Einkaufen, Geschenke, Kleidung, Urlaube, Versicherungen, Arzttermine, Finanzen und so weiter. Ihr Partner übernimmt dafür den Haushalt. Er kocht, putzt, räumt auf. Uns ist klar, dass das für viele absolut radikal klingt. Aber vom Arbeitsaufwand her kommen die beiden sicher ungefähr gleich weg. Zudem kann sie gut planen, ihn entspannt es, zu putzen oder zu kochen – eigentlich ein perfekter Deal, oder?

Man kann sich auch mit der Projektleiter-Arbeit wöchentlich abwechseln. Der Verantwortliche bleibt dann zu Hause, falls ein Kind krank wird (außer es ist etwas anderes abgemacht, siehe Kapitel „Wer arbeitet wie viel und können wir uns das überhaupt leisten?"). Er oder sie besorgt Geschenke, organisiert Abendessen oder Geburtstage, packt die Taschen, schmiert die Pausenbrote und so weiter. Und in der nächsten Woche macht es der andere Partner.

Gemeinsame Routinen entwickeln

Wer sich durch zu viele Routinen eingeschränkt fühlt, muss natürlich einen anderen Weg finden. In der Regel spielen sich in einer gleichberechtigten Beziehung aber viele Abläufe ohnehin ein. Das hat sehr viele Vorteile, denn erstens ist weniger Absprache nötig, wenn der Alltag fast automatisch funktioniert, außerdem geben Routinen Sicherheit und Orientierung – auch den Kindern. Sie können zu weniger Konflikten führen und den Mental Load verringern.

Beispiele für Routinen:

- Morgens kümmert sich der- oder diejenige, der oder die das Kind zur Schule oder in die Kita bringt, um alles – vom Zähneputzen bis zum Anziehen.
- Wer den Nachmittag übernimmt, ist auch für das Abendessen zuständig.
- Der- oder diejenige, der oder die später nach Hause kommt, ist für das Zubettgehen zuständig.
- Der- oder diejenige, der oder die kocht, muss nicht den Abwasch und die Küchenreinigung machen, dafür aber die Kinder zu Bett bringen – oder umgekehrt.

Ihr könnt euch auch mit dem Morgenritual, Kaffee machen, Frühstück machen … abwechseln. Das sind alles nur Beispiele, ihr werdet euren Weg finden!

ALLTAGSTIPP: UMGANG MIT VERGESSENEN TERMINEN

Es wird auch mal ein Termin untergehen. Das passiert in jeder Familie! Dann rufen die ErzieherInnen verärgert an, weil ein Elterngespräch vergessen wurde, die Milchtüte für das Laterne basteln schon wieder nicht im Rucksack war, oder die Kinderärztin ist genervt, weil der Impftermin schon zum dritten Mal nicht wahrgenommen wurde. Bedenkt: Wenigstens teilt ihr euch diese peinlichen Momente. Schiebt die Schuld auf keinen Fall auf den anderen. Ihr seid beide verantwortlich. Und so etwas passiert. In der Regel sogar, ohne dass dabei jemand zu Schaden kommt.

Das bisschen Haushalt

Das Fiese an einem Familienhaushalt ist: Die Arbeit steigt exponentiell mit dem Alter und der Anzahl der Kinder. Während man mit einem Baby vielleicht noch denkt „Ach, die paar süßen, kleinen Bodys, die wasche ich mal schnell mit“, sieht das mit einem Kleinkind, das sich mehrmals täglich von oben bis unten einsaut und großzügig die Hälfte der Mahlzeiten auf dem Küchenboden verteilt, schon ganz anders aus. Es ist also – mal wieder – von Vorteil, die Hausarbeit von Anfang an zu teilen. Ansonsten kann man auch immer wieder zwischendrin nachjustieren.

Reden, reden, reden

Hier kommt ihr wieder einmal um unsere berühmte Liste, und um viele Gespräche dazu, nicht herum. Im Idealfall könnt ihr euch wieder nach den persönlichen Vorlieben des jeweils anderen richten. Zum Beispiel: Er kocht gerne, ihr macht es nicht so viel aus, die Wäsche zu waschen und zu falten. Daraus folgt: Sie übernimmt die gesamte Wäsche, er das Kochen, inklusive Einkaufsplanung. Wichtig ist, dass ihr den Mental Load, den manche Aufgaben mit sich bringen, immer im Blick habt. Und dass Aufgaben nicht halb erledigt werden. Bestes Beispiel: Wer bringt den Müll hinunter? Vor allem aber: Wer macht anschließend eine neue Mülltüte in den Mülleimer?

Pläne, Pläne, Pläne

Was ist mit den Aufgaben, die keiner machen will? Bei unbeliebten Aufgaben kann man sich zum Beispiel abwechseln. Eine Woche wischt er, in der anderen sie. Ein Putzplan ist sinnvoll. Viele Paare haben auch eine Liste am Kühlschrank (oder einem anderen, gut sichtbaren Ort in der Wohnung) mit Aufgaben und den Einkäufen, die erledigt werden müssen. Diese Liste sollte natürlich von beiden gepflegt werden. Auch möglich: Alle To-dos werden in einem Familienkalender gesammelt und regelmäßig verteilt – viele Paare nutzen den Sonntag, um die kommende Woche zu planen. Ebenfalls hilfreich können Apps sein, in denen gemeinsame To-do-Listen oder Einkaufslisten geführt werden können, wie zum Beispiel Bring! oder Microsoft To Do.

ALLTAGSTIPP: LASST DAS LOS ENTSCHEIDEN

Wenn man sich bei unbeliebten Aufgaben nicht einig wird, kann man immer noch losen! Das ist auch eine viel humorvollere Version, unliebsame Themen zu verteilen, als ein augenrollendes „Ich mache es schon!"

Wer kämmt die Läuse aus den Kinderhaaren? Wer geht zum Elternabend? Wer reinigt den Abfluss in der Dusche? Das Los entscheidet!

Oder wir holen uns Hilfe

Ein paar Aufgaben kann man vielleicht auch auslagern, zum Beispiel den Einkauf an einen Lieferservice. Wer es sich leisten kann, stellt sich auch sicher irgendwann die Frage: Sollen wir eine Haushaltshilfe einstellen? Das ist natürlich nicht unproblematisch. In der *taz* (12.08.2017) schreibt die Redakteurin Doris Akrap provokant: „Nur Dreck machen, aber sich nicht um dessen Beseitigung zu kümmern, das passt auf den Privathaushalt mit Putzkraft genauso wie auf den Zustand einer Gesellschaft, in der sich nur wenige Gedanken darüber machen, welche Konsequenzen das eigene Handeln hat."

Tatsächlich ist es so, dass Putzkräfte, die für Privathaushalte arbeiten, oft prekär leben. Viele arbeiten ohne Arbeitserlaubnis, sind nicht versichert und zahlen nicht oder kaum in die Kranken- und Rentenkasse ein. Daraus folgt, dass sie keine Sicherheiten haben, und es schnell an die Existenz geht, wenn sie zum Beispiel krank werden oder sich bei der Arbeit verletzen. Zudem sind sie meist weiblich, das Urproblem, dass Care- und Hausarbeit fast nur Frauen erledigen, wird also nur auf eine andere Frau ausgelagert, anstatt es im Kern zu beheben. Die Autorin Teresa Bücker formuliert es in ihrer Kolumne „Freie Radikale" für das Magazin der *Süddeutschen Zeitung* (15.01.2020) so: „Solange Care-Arbeit nur delegiert wird, müssen Männer sich nicht verändern."

Viele Putzkräfte haben einen Migrationshintergrund, nicht selten warten eigene Kinder im Heimatland und werden von Verwandten versorgt, während die Mutter sich hier um deutsche Kinder kümmert und der Familie zu Hause Geld schickt. Wenn diese so wichtige Arbeit für wenig Geld ausgelagert wird, hat das also auch eine politische Dimension. Man kann durchaus argumentieren, dass große, gesellschaftliche Probleme bestehen bleiben, wenn wir Haus- und Care-Arbeit auslagern, nur weil wir es uns leisten können. Dennoch kann es natürlich legitim und vor allem unglaublich hilfreich sein, jemanden einzustellen, der Paare bei der Familienarbeit unterstützt.

Wichtige Gedanken, die ihr euch machen solltet: Was ist mir diese Arbeit wert? Mindestlohn zu zahlen sollte selbstverständlich sein. Fairerweise sollte euch diese Arbeit aber sogar noch mehr wert sein. Wir zitieren wieder Teresa Bücker: „Warum sollte eine andere Person für zehn Euro arbeiten, wenn man selbst unter einem Stundensatz von 40 Euro nicht den Finger rührt? Wir können in vielen Bereichen nicht direkt beeinflussen, was andere verdienen, doch bei Tätigkeiten, für die man bewusst andere Menschen engagiert, sei es die Putzkraft, die Babysitterin oder der Friseur, liegt die Entscheidung der finanziellen Wertschätzung bei uns selbst." Bedenkt dabei, dass viele Putzkräfte oft einen höheren Abschluss haben, und nur aufgrund von Arbeitsstrukturen und Sprachbarrieren beruflich nicht weiterkommen. Man kann Haushaltshilfen sehr unbürokratisch bei der Minijob-Zentrale anmelden, sodass diese zumindest ein Mindestmaß an sozialer Absicherung bekommen. Auch Urlaubsgeld und einen Ausfall im Fall einer Krankheit kann man individuell ausmachen. Seid der Arbeitgeber, den ihr gerne selbst hättet!

Die Strukturen aufbrechen

In diesem ganzen Buch geht es eigentlich darum, die bestehenden Strukturen bis zu einem gewissen Grad zu durchbrechen, beziehungsweise, sie für euch neu zu definieren. Denn wer das nicht tut, wird automatisch in einem relativ konservativen Konstrukt landen. Ihr werdet merken, dass ihr mit eurem Modell anecken werdet. In manchen Räumen mehr (eher in Süddeutschland und im ländlichen Raum), in anderen weniger (den neuen Bundesländern und Großstädten). Seid selbstbewusst und erklärt auf Wunsch, warum ihr sämtliche Arbeiten gerecht aufteilen wollt. Leider werdet ihr eventuell nicht nur von Freunden und Bekannten und der Familie Gegenwind bekommen, sondern auch an anderen Stellen.

In Kita und Schule

In vielen Einrichtungen ist es so in den Köpfen der ErzieherInnen und LehrerInnen verankert, dass „erst mal die Mama" zuständig ist, dass diese automatisch als Zuständige angesehen wird. Wenn Windeln gekauft werden sollen, wird die Mutter angesprochen, wenn ein Kind krank wird, wird sie als Erste angerufen. Sagt offensiv, dass ihr euch das anders wünscht. Erklärt: Bei uns sind beide Eltern zuständig, bitte ruft zuerst den Vater an. Spielt das auf allen Ebenen weiter: *Er* übernimmt ein Amt, nicht sie. *Er* ist Teil der WhatsApp-Eltern-Gruppe, nicht sie. *Er* kümmert sich um den Kuchen für das Sommerfest.

Bei Ärzten, im Reitstall, in der Musikschule

„Sind Sie der Vater?" muss er sich anhören, wenn er die Kinder zum Arzt bringt. Wer denn sonst? Es kann auch nervig sein, immer der einzige männliche Zuseher im Reitstall zu sein und in der Musikschule schräg angesehen zu werden, weil dort nur Frauen arbeiten und nur Mütter ihre Kinder hinbringen. Väter müssen da aber durch. Immerhin sind sie durch diese, doch recht kleinen, Opfer Teil einer kleinen, privaten Revolution. Sie machen sich von Rollenbildern frei und ermöglichen so mehr Wahlfreiheit. Auch für die eigenen Kinder. Immer wieder wird euch aber auch auffallen: Die Frau wird kritisch beäugt, wenn sie selten präsent ist, der Vater eher gefeiert, wenn er gelegentlich da ist. Das nervt, aber als Frau müsst ihr da drüberstehen. Und für euch Männer: Es ist nicht fair, aber ihr dürft dieses Lob genießen und es als weiteren Grund sehen, unbedingt am Ball zu bleiben!

Bewusst den Vater vorlassen

„MAMMAAAAAAA!!!“, schreien alle Kinder gefühlt immer. Aber warum eigentlich? Versucht, als Mutter wann immer möglich mal den Vater vorzulassen. Sagt einfach öfter mal: „Ich kann gerade nicht, frag Papa.“ Damit fängt man im Idealfall schon im Babyalter an. So lernt der Vater, Beruhigungsstrategien zu entwickeln, und seinen eigenen Weg zu gehen. Wechselt euch auch beim Ins-Bett-Bringen ab. Lasst euch als Mutter nicht in die Rolle der allwissenden Kümmer-Person drängen. Auch hinter dem ewigen „Wo ist ...?“ steckt die automatische Annahme, dass die Mutter immer wissen muss, wo jeder beliebige Gegenstand im Haushalt sich befindet. Eine gute Taktik kann sein, „Ich weiß es nicht“ zu sagen, selbst wenn man es weiß. Isabel sagt auch gerne: „Ich bin nicht Siri!“

Und auch in der Erziehung

Der Leitsatz sollte sein: „Alleine zu Hause bei den Kindern zu sein tut der Eltern-Kind-Beziehung gut, alle haben ein Recht darauf.“ Bedenkt das immer. Findet auch in Sachen Erziehung eine gemeinsame Leitlinie, an der ihr beide festhaltet. Es gibt Kindern Sicherheit, wenn die Eltern als Team auftreten. Versucht, dem anderen nicht hineinzureden, oder tut es zumindest nicht vor den Kindern, sondern wenn sie nicht (mehr) dabei sind, und sich die Wogen vielleicht auch schon geglättet haben. Nehmt euch gegenseitig ernst!

GLEICHBERECHTIGTE BEZIEHUNGEN SIND OFT GLÜCKLICHE BEZIEHUNGEN

Warum? Weil Paare, die gleichberechtigt leben, immer wieder offen miteinander reden müssen. Und reden tut gut. Weil sie als Paar entschieden haben, gemeinsam Lösungen zu finden, und diese auch gefunden haben. Das stärkt die Beziehung. Wie schafft man das? Regelmäßiger Austausch, zielgerichtete Kommunikation und vor allem: Intimität. Dabei ist Eltern zu werden und Paar zu bleiben keine leichte Aufgabe, das ist klar. Aber wenn unbezahlte Arbeiten gerechter aufgeteilt werden, bleibt oft mehr Raum für die eigentliche Beziehung, weil nicht immer ein Elternteil völlig erschöpft ist. Und weil man die Arbeit des jeweils anderen schätzt. Apropos Intimität – damit ist nicht zwingend Sex gemeint!

Ganz schön ambitioniert? Eltern werden – Paar bleiben

So oft hört man, dass sich Paare spätestens nach der Geburt des zweiten Kindes trennen. Den Übergang vom Paar hin zum Elternwerden (und von dort wieder zurück zum Paar) überstehen manche nicht. Vielleicht ist es so, dass erst durch das Baby gewisse Ungleichheiten deutlicher werden und frau oder man merkt, dass sie oder er sich das so nicht vorgestellt hat. Vielleicht liegt es an der neuen, extremen Situation, den durchwachten Nächten, dem Stress. Kinder, Karriere, Haushalt und Liebe – wie soll das alles auf einmal zusammenpassen? Die meisten Eltern schaffen das mal schlechter und mal besser und sicherlich auch nach und nach und nicht sofort und aus dem Stand. Alles auf einmal zu wollen und zu erwarten, erhöht den Druck mit Sicherheit. Deshalb raten wir immer zu Babysteps. Im wahrsten Sinne des Wortes. Euer Kind macht Babysteps und ihr solltet das auch tun. Es dauert einfach, bis sich alles einspielt, bis man einen neuen Rhythmus findet.

Herausforderung Kind

Kinder stellen eine große Herausforderung für jedes Paar dar, egal wie stabil die Beziehung vorher gewesen sein mag. Dabei hat Marie festgestellt: „Klar, die ersten Babymonate sind verrückt, aber wirklich anstrengend und schwer für die Beziehung wird es erst im Alltag mit dem Kind oder den Kindern, und nicht in den ersten Babymonaten. Wenn das tägliche Leben und die Abläufe so eng getaktet sind, dass eigentlich keine Zeit bleibt, als Paar zu existieren, geschweige denn, mal etwas Zeit für sich allein zu haben."

Wie schon im Kapitel „Der fifty-fifty-Schlüssel – Elternzeit für beide" beschrieben, ist die geteilte Elternzeit ein guter und wichtiger Schritt in Richtung gleichberechtigte Beziehung. In einer amerikanischen

Studie aus dem Jahr 2019 (*New York Times,* 17.04.2020) kamen die Autoren zu dem Schluss, dass Väter, die Elternzeit nehmen, nicht nur eine bessere Beziehung zu ihren Kindern haben, nein, solche Ehen werden auch wesentlich seltener geschieden! Und das gilt nicht nur für die Jahre kurz nach der Geburt des Kindes, sondern bis ins Schulalter.

Liebe braucht Zeit

Kennt ihr das auch? Man schläft nebeneinander, sieht sich morgens, sieht sich abends und trotzdem vermisst man seinen Partner oder seine Partnerin? So sehr, dass man sich am liebsten in die Arme fallen würde, wenn man mal fünf Minuten Ruhe hätte? Einfach mal nur Paar sein und nicht über Abläufe, Termine oder Kindesentwicklungen sprechen? Manchmal merkt man vielleicht auch gar nicht so direkt, dass einem etwas fehlt. Da ist einfach nur eine gewisse Unzufriedenheit, eine Traurigkeit. Wenn man dann überlegt, woran das liegen könnte, fällt auf: Die letzte Umarmung ist schon lange her. Das fehlt! Und obwohl ständig Menschen um uns herum sind, die Kinder, die KollegInnen, fühlt man sich einsam und nicht gesehen. Und so geht es dem Partner wahrscheinlich auch.

Dabei bezieht sich die Zeit in der Überschrift hier nicht auf die Zeit, die man einfach nebeneinander existiert. So wenig ist das ja oft gar nicht, wenn nicht einer ständig auf Geschäftsreise ist. Mit der Zeit, die die Liebe braucht, ist die intensive „Zu-zweit-Sein"-Zeit gemeint. Es ist die Zeit, die man sich bewusst nimmt. Maries Mantra: „Zeit haben wir keine, aber wir nehmen sie uns." Man sollte sich bewusst die Zeit nehmen für die Umarmung, für das Gespräch, wenn die Kinder schlafen, den wahren Austausch, der nichts mit Organisation oder dem Nachwuchs zu tun hat.

Das Paar als Fundament der Familie

Dass es mal stressige Zeiten gibt, wenn zum Beispiel das Kind einen Entwicklungssprung macht und plötzlich wieder wahnsinnig schlecht schläft, einer krank ist und der andere alles stemmen muss, ist ganz normal. Solche Zeiten sind in der Familie manchmal sogar eher der Regelfall als die Ausnahme. „Eine gesunde Familie hangelt sich von Krise zu Krise," sagt Isabel oft. Und es stimmt. Es muss nicht immer Harmonie herrschen, gerade in einer Familie, in der viele Menschen mit oft unterschiedlichen Bedürfnissen aufeinandertreffen, gibt es Zoff und Auseinandersetzungen. Macht euch also nicht so viel Stress, wenn die Dinge öfter mal nicht glattlaufen. Es geht allen Familien so. Wichtig ist, dass ihr als Paar (meistens) eine Einheit bildet. Die Paarbeziehung kommt sogar vor der Beziehung zu den Kindern. Denn ihr seid ja das Fundament, auf dem die ganze Familie aufbaut.

ALLTAGSTIPP: PARTNERIN ODER PARTNER ZUERST BEGRÜSSEN

Begrüßt den Partner oder die Partnerin zuerst! So oft passiert es, dass man zuerst das süße Kind begrüßt, und dabei den Partner daneben stehen lässt. Das ist nicht schön, wenn es einem selbst passiert, achtet also auch darauf, dem Partner zuerst ein Küsschen zu geben oder ihn zu umarmen. Euer Kind schaut euch auch gern dabei zu – es ist auch für kleine Mädchen oder Jungen schön, die Eltern in liebevollem Umgang miteinander zu sehen.

Das A und O: Zeitmanagement

Ohne ein gutes Zeitmanagement in der Familie und auf Paarebene kommt man nicht aus. Dass das nicht von heute auf morgen geht, ist klar, aber auch Zeitmanagement kann man Schritt für Schritt lernen.

Irgendwann seid ihr richtige Profis darin! Manchmal ist Zeit- und Familienmanagement eben doch fast so, wie ein kleines Unternehmen zu führen.

Mehr Zeit für sich selbst zu haben, ist auch gut für die Beziehung

Wenn ihr den Haushalt und das Kümmern um die Kinder gleichmäßiger aufteilt, hat jeder auch mal etwas Zeit für sich. Vielleicht schafft man es doch mal zum Schwimmen oder zum Yoga. Oder hat tatsächlich mal einen Nachmittag, um durch die Stadt zu schlendern und mal nichts tun zu müssen. Diese Art von „Me-Time“, also Zeit für sich, ist wichtig, auch, weil man erst so wieder Platz schafft für den Partner. Wenn der Kopf voll ist, fällt es schwerer, sich auf eine andere Person einzulassen. Merke: Von der „Me-Time“ profitiert auch die, nennen wir sie mal analog dazu, „Us-Time“ (also Zeit zu zweit!). Wer ein paar Stunden für sich hat, verbringt auch viel lieber wieder Zeit mit seinem Partner. Paare, die gemeinsam den Mental Load teilen und ihn dadurch für den Einzelnen verringern, haben zudem mehr Zeit und Kraft für ihre Beziehung.

ALLTAGSTIPP: KOMMUNIZIERT EURE BEDÜRFNISSE

Geht transparent mit euren Bedürfnissen um! Spürt häufig in euch hinein: Welche Bedürfnisse habe ich gerade? Was brauche ich unbedingt, was kann auch noch mal warten? Und dann kommuniziert diese Bedürfnisse offen mit eurem Partner oder eurer Partnerin. Findet gemeinsam eine Lösung. Einer wünscht sich vielleicht unbedingt, mal wieder ungestört zu baden. Vielleicht schafft der Partner es morgen mal, früher von der Arbeit zu kommen, und der andere hopst in die Badewanne. Es ist schön, gemeinsam Lösungen zu finden, aber dafür müssen Bedürfnisse auch klar kommuniziert werden.

Mehr Sex gibt's auch noch!

Der Tag war mal wieder verrückt, ihr seid ins Büro gerannt, habt dann die Kids abgeholt, das Nachmittagsprogramm abgespult, Abendessen zubereitet, und wenn abends *endlich* die Kinder schlafen, zieht ihr schon mit einem halb geschlossenen Auge noch das Handy raus oder das Buch, das ihr schon seit einem halben Jahr versucht zu lesen, bei dem ihr aber immer nur ein oder zwei Seiten weit kommt, bevor euch die Augen zufallen. Dabei denkt ihr womöglich schon an den nächsten Morgen: Was kommt in die Brotbox, muss nicht der Zettel vom Mitteilungsheft des Schulkindes noch unterschrieben werden und brauchen wir nicht auch Milch?! Wer es da jetzt schafft, an Sex zu denken oder ihn gar zu wollen, dem gratulieren wir herzlich zu einem sehr ausgeprägten sexuellen Verlangen!

Den meisten wird es wohl aber nicht so gehen, weil der Kopf zu voll ist und man wenigstens die zehn Minuten vor dem Einschlafen mal gerne für sich hätte. Wenn aber eben nicht eine Person an alles denken muss, wenn man auch mal einen Nachmittag für sich hatte, ist man ganz automatisch lockerer und entspannter und hat auch mehr Lust auf Sex und Freude daran. Es ist schade, wenn Sex nur auch ein Punkt auf der To-do-Liste ist, damit sich der Partner nicht beschwert. Zu einer gesunden Paarbeziehung gehört kein Dienstleistungssex. Also lieber „Nein" sagen, als halbherzig mitzumachen, obwohl man keine Lust hat. Es ist normal, dass nicht beide Partner immer gleich viel Lust haben!

Aber: Wer den Partner als gleichberechtigtes Team-Member und nicht als „weiteres Kind" sieht, wird eventuell auch mehr Lust auf Sex haben. Wobei die Häufigkeit total individuell ist. Es gibt kein Richtig oder Falsch. Fakt ist aber, dass regelmäßige Intimität zwischen zwei Menschen dazu führt, dass das Bindungshormon Oxytocin ausgeschüttet wird (das gleiche Hormon im Übrigen, das auch beim Stillen ausgeschüttet wird). Oxytocin, auch das Kuschelhormon genannt, sorgt für Ruhe, Vertrauen, es wirkt sogar schmerzlindernd und mildert Stress. Probiert es mal aus! Gerade, wenn ihr am wenigsten daran denkt, jetzt zu kuscheln, weil ihr so viel zu tun habt: Nach einer Umarmung werdet ihr euch schnell ein bisschen besser fühlen.

ALLTAGSTIPP: BEGREIFT EUCH ALS TEAM

Intimität und Nähe müssen nicht zwangsweise über Sex hergestellt werden. Manchmal kuschelt man einfach, oder legt sich mal zusammen auf die Couch. Man spricht über den Tag oder liegt auch einfach mal nur zusammen da. Selbst erschöpft zusammen an die Decke zu starren bringt etwas. Begreift euch als Team und nicht als EinzelkämpferIn. Fragt täglich: Wie geht es dir? Wie fühlst du dich? Interesse zu zeigen, auch wenn man selbst müde ist, kostet manchmal Überwindung. Aber oft entsteht daraus ein zugewandtes Gespräch, und man merkt, wie viel Kraft es einem gibt.

Der Wahnsinn im Alltag: stressige Zeiten gemeinsam durchstehen

Es gibt einfach besonders stressige Zeiten. Da kommen verschiedene Dinge zusammen, und für eine Weile ist das Paar-Sein untergeordnet, weil es gar nicht anders geht. Diese partnerschaftlichen Durststrecken sind normal, sie sollten nur nicht zur Regel werden. Wichtig ist, dass ihr trotzdem im Gespräch bleibt. Dass der Stress und die Überforderung nicht überhandnehmen, sondern man weiter mit dem Partner oder der Partnerin gemeinsam Perspektiven sucht, wie es besser werden kann.

Als Paar auf der Durststrecke

Ihr befindet euch auf einer längeren Durststrecke? Jedes Paar hat sicherlich eigene Strategien, wie man sich wieder näherkommen kann. Hier sind nur einige Beispiele:

- Date-Night: Sucht euch zwei bis drei Tage im Monat aus, die ihr fest für euch beide reserviert. Wenn ihr einen Babysitter habt – super! Geht raus, ins Kino, ins Theater, in euer Lieblingsrestaurant oder auch mal zu Freunden. Aber auch zu Hause könnt ihr euren Abend zu zweit zelebrieren. Bestellt euer Lieblingsessen. Schaut zusammen einen Film. Spielt Stadt-Land-Fluss, völlig egal! Date-Night kann vieles bedeuten, vor allem, dass man sich bewusst Zeit füreinander nimmt.
- Sucht euch eine gemeinsame Aktivität. Ihr müsst nicht zusammen Tennis spielen gehen, wenn einer keine Lust hat. Das Ganze soll ja keine Pflichtveranstaltung werden. Aber etwas, das ihr regelmäßig zu zweit macht (selbst, wenn es das Schauen einer Serie ist, die ihr beide mögt), schafft wichtige Paarzeit!
- Führt feste Rituale ein: Was sich erst komisch und etwas gezwungen anfühlt, wird nach einiger Zeit zu einem festen und stabilisierenden Bestandteil eures Zusammenlebens, der guttut! Vielleicht ist es die Umarmung gleich nach der Begrüßung, oder das Aneinanderkuscheln, kurz bevor ihr einschlaft – jedes Paar hat seine geheimen Rituale, die guttun, oder kann diese finden.
- Verabschiedet euch vom Perfektionismus! Lasst die Küche auch mal unaufgeräumt. Serviert mal eine Tiefkühlpizza zum Abendessen. Und wenn euer Kind partout nur Nudeln mit Butter essen möchte, dann ist es eben so. Kocht euch als Paar auch mal etwas, das den Kindern nicht schmecken muss. Wenn es das scharfe Curry ist, dann gibt's fürs Kind halt mal wieder Nudeln oder ein Butterbrot.

- Lächelt euch an, vor allem, wenn alles geradezu absurd anstrengend ist. Es gibt eben solche Situationen: Die Nacht war sehr, sehr kurz. Das eine Kind schreit, weil es seine Socken nicht finden kann. Das andere Kind hat sich gerade die volle Kacka-Windel selbst abgerupft, in fünf Minuten müssten alle eigentlich das Haus verlassen haben, damit Kind eins nicht zu spät zur Schule kommt, und dann kippt auch noch die Kaffeetasse um, die ausgerechnet neben dem Laptop stand. Inmitten dieses Wahnsinns kurz eine Sekunde innezuhalten, sich anzulächeln, dem anderen zu signalisieren: „Wir sind beide hier in diesem Durcheinander, aber wir halten zusammen“ – das kann Wunder bewirken und alles weniger schlimm erscheinen lassen. Auch wenn einem mal ein „Sch***“ rausrutscht (und das darf es!), die Absurdität der Situation anzuerkennen und darüber auch mal zu lachen, hilft enorm dabei, die Schwere herauszunehmen. Und vor allem: in der Wut nicht den Partner oder Partnerin verantwortlich machen.

Wertschätzung statt Machtkampf

Was wir aus eigenen Beziehungen auch kennen (die dann meistens gescheitert sind), ist ein ständiges Aufwiegen. Wer hat was gemacht? Wer hatte hier recht? Wer hat etwas falsch gemacht? Es ist schade, wenn die Beziehung zu einem Machtkampf wird, den am Ende meistens beide verlieren. Gegenseitiges Wohlwollen ist wichtig! Es ist der Grundstein einer gesunden Beziehung und die beste Motivation dafür, zusammen zu sein. Das klingt in der Theorie gut, ist aber natürlich nicht immer einfach, wenn man im Alltag auch mal genervt vom anderen ist.

Die Psychologin Patricia Cammarata, die unter dasnuf.de über Mental Load und ihr Familienleben schreibt, und die wir hier im Buch häufiger zitieren, hat da einen ziemlich guten Trick:

„Früher habe ich mich oft gefragt, wie es wohl wäre, ein Mann zu sein. Ich werfe meine Wäsche in den Wäschekorb, und einige Tage später erscheint sie zusammengelegt wieder in meinem Kleiderschrank. Die Milch, die ich jeden Morgen in meinen Kaffee gieße, ist leer, und am nächsten Morgen ist neue da. Heute lebe ich in einer gleichberechtigten Beziehung und ich bin so dankbar dafür, dass ich jetzt auch den Kühlschrank aufmachen darf, und mein Lieblingsaufstrich und meine Hafermilch wurden eingekauft. Deshalb sage ich oft Danke. Und ich höre oft ein Dankeschön, und weil die Kinder das mitbekommen, sagen sie auch Danke. Sie merken so auch, was zum Beispiel alles gemacht werden muss, damit wir abends beim Abendessen zusammensitzen können. So lernen sie jetzt schon, unsichtbare Arbeit wahrzunehmen und sie nicht als selbstverständlich anzusehen."

Ist das nicht ein schöner Ansatz? Es tut nicht weh, Danke zu sagen, und hat so viel Wirkung!

ALLTAGSTIPP: TÄGLICH WERTSCHÄTZUNG ZEIGEN

Sagt Danke und das immer wieder. Auch bei Dingen, die selbstverständlich scheinen. Es ist eine super Übung in Sachen Wertschätzung und wirkt Wunder!

Den „Partner in Crime" nicht verlieren: gleichberechtigt durch den Alltag

„Das Schönste nach meiner Trennung war, dass mir die Hausarbeit wieder leicht von der Hand ging. Denn ich musste mich währenddessen nicht darüber ärgern, dass *ich* schon wieder die Spülmaschine ausräume oder den Fußboden sauge. Ich tat es einfach für mich und meinen Sohn und es war vollkommen okay. Das ständige, wütende

Gefühl, dass man viel mehr macht und die Ungerechtigkeit, die man fühlte, waren das Anstrengendste, viel anstrengender als die eigentliche Hausarbeit."

So erzählt es eine Leserin in Erinnerung an ihre frühere Beziehung. Denn den Mental Load trägt in den meisten Fällen immer noch die Frau – so auch bei ihr. Dabei gilt diese dann schnell als „unentspannt", wenn Dinge zu Hause nicht nach ihren Vorstellungen laufen oder Kleinigkeiten nicht sofort erledigt werden. Dabei versucht frau ja nur, irgendwie den Überblick zu behalten! Auch sie hat damals die Hauptlast an Organisations- und Haushaltsdingen getragen. Zwar hat sie gelegentlich Aufgaben abgegeben, aber die Verantwortung lag letztlich bei ihr (und dazu kam das Kontrollieren, ob die Dinge wirklich vom Partner erledigt worden waren, denn so richtig darauf verlassen konnte sie sich nicht). Wenn es so läuft, dann ist es keine Entlastung, einzelne Aufgaben abzugeben, denn man fühlt sich trotzdem noch alleingelassen mit der Verantwortung. Das kann zu Überforderung bis hin zum Burn-out führen. Außerdem fühlt man sich vom Partner oder der Partnerin nicht gesehen, und das ist mehr als schlecht für die Beziehung.

So betont es auch Patricia Cammarata in ihrem Buch „Raus aus der Mental Load Falle": „Man fühlt sich in der Bindung, auf emotionaler Ebene belogen und verraten. Wir diskutieren dann nicht mehr sachlich um die Verteilung von Aufgaben und Verantwortung, sondern wir machen uns gegenseitig Vorwürfe, weil wir uns nicht wertgeschätzt fühlen, weil wir uns alleingelassen und einsam fühlen." (S. 67) So weit sollte es nicht kommen, und wenn doch, müssen Paare dringend reden. Vielleicht ist es sogar sinnvoll, mal ein paar Sitzungen bei einem Paartherapeuten oder einer Familientherapeutin zu buchen? Therapie ist nicht nur etwas für Härtefälle. Denn wenn die Beziehung nicht mehr auf Augenhöhe stattfindet, dann ist das Kind vielleicht noch nicht in den Brunnen gefallen, aber definitiv schon einiges im Argen.

Fair diskutieren

Wenn ihr erst einmal zu zweit probieren wollt, über Unzufriedenheiten und Missstände zu sprechen, bedenkt folgende Dinge: Macht den Partner nicht verantwortlich für Sachzwänge, die keiner ändern kann (z. B. „Es ist nicht genug Geld da“). Versucht immer, lösungsorientiert zu diskutieren.

Keine Arbeit ist mehr oder weniger wert. Messt den Wert eurer Arbeit nicht am Einkommen. Und: Auch ein Tag mit den Kindern zu Hause ist ein Arbeitstag, der mal mehr, mal weniger anstrengend sein kann – genauso wie ein Bürotag. Haltet euch an den Grundsatz: Reden, ausprobieren, wieder reden.

Sendet Ich-Botschaften! Den Klassiker der Kommunikationspsychologie hat Marie schon ziemlich verinnerlicht. Ein Zettel auf dem Kühlschrank hat sie eine Zeit lang immer wieder daran erinnert: „Ich habe im Moment das Gefühl, dass …“, „Ich wünsche mir …“ Mit diesen Ich-Botschaften greift ihr den anderen nicht an, und es wird im Gespräch nicht darum gehen, wer denn jetzt nun recht hat. Im Idealfall können beide Partner dann eine Lösung finden.

Ein weiterer Klassiker: Vermeidet die Wörter „immer“ und „nie“ in der Kommunikation mit dem Partner.

Seht den regelmäßigen Austausch nicht als eine weitere Sache auf der To-do-Liste, sondern auch als Beziehungspflege. Fragt nach dem Befinden eurer Partner oder Partnerinnen. Das hilft, nicht so schnell in einen Vorwurfston abzurutschen.

Irgendwann ist auch mal Schluss: Es bringt nichts, ewig und immer wieder die gleichen Dinge auszudiskutieren. *„Agree to disagree“* – also sich darauf einigen, dass man sich gerade nicht einigen kann –

kann ein Weg sein, damit abzuschließen, dass ihr in diesem Thema nicht zusammenkommt. In dem Fall konzentriert ihr euch auf die positiven Dinge und darauf, was gut funktioniert.

Der Fallstrick für Frauen: den Mann als Kind sehen

„Ach, weißt du, eigentlich ist er wie ein weiteres Kind. Ich muss immer schauen, dass es allen gut geht. Er ist da echt keine Hilfe", jammerte mal eine Bekannte von uns. Wir waren kurz davor, ihr beizupflichten: „Ja, so ist das eben mit den Männern." Aber irgendwie hatten wir Bauchschmerzen dabei. Denn ihr ahnt vielleicht schon, wo hier das Problem liegt: Wenn man den Mann als weiteres Kind wahrnimmt, ist es mit der Augenhöhe vorbei. Es ist erschreckend, wie oft man doch hört, der Mann sei ja auch wie ein Kind, um das man sich kümmern müsse. Die Journalistin Antonia Baum bringt es in „Stillleben" schön auf den Punkt: „Ich fand diese stille Verachtung, dieses heimliche Kleinmachen einen schlechten, sehr alten und traditionsreichen Witz (...), über den ich nicht lachen konnte, weil er allen Beteiligten schadete und die Verhältnisse nicht angriff, sondern im Gegenteil stabilisierte." (S. 121)

Den eigenen Partner so zu bezeichnen ist also nicht zuträglich. Vielmehr sollte man sich fragen: Warum empfinde ich es so? Muss er mehr Verantwortung übernehmen? Habe ich vielleicht das Gefühl, ich stemme das alles alleine? Welche Rollenbilder wirken hier noch in uns?

Sieht man den Partner als weiteres Kind, so verliert man vor allem den Partner. Ist das nicht traurig? Also auch hier ist wichtig: Begebt euch auf Augenhöhe. Gebt den Partner, und damit eure Beziehung, nicht auf.

Der Fallstrick für Männer: die Frau als Hausdrachen sehen

Es gibt ja das klassische Phänomen, dass viele Männer nach der Geburt des ersten Kindes sogar länger im Büro bleiben als vorher (dazu gibt es tatsächlich Studien!) und ungern nach Hause kommen, weil dort das Chaos auf sie wartet und unter Umständen eine meckernde Frau. Wir glauben ja, dass das vor allem mit Folgendem zu tun hat: Die Frau fühlt sich alleingelassen mit Haushalt und Kind(ern), überlastet, wahrscheinlich übermüdet und wird dann unausstehlich. Irgendwie klar, man ist unzufrieden mit der Situation, und das lässt man den Partner auch spüren. Der Mann fühlt sich ungerecht behandelt, ist vielleicht auch genervt und hat keine Lust auf die ständig nörgelnde Partnerin. Dabei ist das Hausdrachen-Phänomen, genauso wie das, als Frau den Mann wie ein Kind zu sehen, eigentlich richtig tragisch. Denn beide Partner verlieren dabei etwas: eine Beziehung auf Augenhöhe, den Partner in Crime, mit dem man hätte Pferde stehlen können, bevor man Kinder hatte. Wir glauben fest daran, dass bei einer faireren Aufteilung und bei einer guten Absprache beide Fallstricke vermieden werden können.

Marie und ihr Partner haben nach dem ersten Baby-Jahr festgestellt: Sie sind beide zufrieden! „Wir haben so viel geschafft, familiär und beruflich, damit hätten wir nicht gerechnet“, sagt Marie. Die Elternzeit hatten sie ja fast hälftig aufgeteilt, sich gegenseitig unterstützt und beide viel Zeit mit dem Baby gehabt. Verrückt, wie gut es laufen kann, wenn man Aufgaben und Verantwortung gut aufteilt und nicht einer mit der Hauptlast an Care- und Hausarbeit alleine ist.

Kurzinterview mit der Paartherapeutin Dorothea Perkusic

Nun sind Ich-Botschaften wie bereits erwähnt zwar schön und gut, die Paar, Einzel- und Sexualtherapeutin Dorothea Perkusic hält diese aber in der Realität nicht alleine für die Generallösung. Wenn man erst einmal sauer oder unzufrieden ist, bringt es auch nichts, dem Partner freundlich zu sagen: „Ich habe im Moment das Gefühl, dass mich deine Faulheit ganz schön nervt!"

Wir haben mit Dorothea über gute Kommunikation gesprochen.

Liebe Dorothea, was würdest du denn statt Ich-Botschaften empfehlen?
„Ich denke, die Lösung liegt vielmehr im Bewusstsein. Wenn ich mir bewusst mache, welche Wirkung meine Worte haben, anstatt mir nur Luft zu machen, werde ich mit mehr Bedacht und vielleicht sogar liebevoller vorgehen und auch die dementsprechende Resonanz erhalten. Wenn der Partner nicht angegriffen wird, muss er sich nicht schützen und verteidigen, sondern kann zuhören und dabei aufgeschlossen bleiben."

Worauf sollten Paare bei ihrer Kommunikation gerade in stressigen Zeiten achten?
„Es kann schon helfen sich zu sagen ‚Wir sitzen im selben Boot und es ist für uns beide gerade total anspruchsvoll'. Sich gegenseitig zu fragen ‚Was würde jedem von uns in diesen Zeiten helfen oder guttun, wie können wir uns unterstützen?'. Ohne zu bewerten, wer gerade mehr leistet und das Recht hat, gestresst zu sein. Sich mit den jeweiligen Stressfaktoren gegenseitig ernst zu nehmen, anstatt in Machtkämpfe zu verfallen, schafft Nähe, Wertschätzung und Verbindung. Respekt voreinander zeigen und lieber mal eine Nacht darüber zu schlafen und sich in die Arme zu nehmen, ist ebenfalls immer eine gute Idee."

Wie schafft man es, neben Kindern und Alltag auch als Paar noch zu existieren?
„Indem man sich als Paar miteinander positioniert und die Paarebene ernst nimmt, auch als Basis der Familie, sich stärkt und Raum gibt, was völlig unromantisch Disziplin erfordert. Ich glaube, das Geheimnis liegt in der Einfachheit. Man muss nicht das perfekte Dinner beim

Italiener inszenieren, um eine (vielleicht) gute Zeit miteinander zu verbringen. Als Paar, gerade mit einem hektischen Alltag, ist es wichtig, die Momente bewusst zu erleben und das zu genießen, was man gerade hat. Der Druck, dass der gemeinsame Abend jetzt total toll werden muss, bringt meist keinem etwas. Eine liebevolle Berührung hier und da, ein verbindender Blick, eine Kerze zum Abendessen, auch wenn ein Kind quengelt oder zur Begrüßung fünf Minuten innehalten und ein Glas Wein miteinander trinken, bevor man mit dem Familienalltag weitermacht. Man sollte es sich im Alltag schön machen und diesen in den Details zelebrieren! Auch bestimmte Rituale zu entwickeln, hilft dabei, gemeinsame Zeit bewusster zu verbringen. Als Beispiel: sich gegenseitig einen Wunschzettel zu schreiben mit Dingen, die der andere für einen tun kann, um sich gegenseitig Freude zu bereiten und ein Gefühl dafür zu bekommen, was guttäte. Ab Übergabe haben beide genau eine Woche Zeit, um sich gegenseitig mindestens einen ausgewählten Wunsch zu erfüllen – eine Massage, ein Blumenstrauß, eine Geste, Freiraum, egal was. Die Dinge die gut sind, bewusster wahrnehmen und den Fokus nicht zu sehr auf das richten, was gerade nicht gut läuft. Alles hat seine Zeit! Stressige Zeiten werden und müssen nicht für immer bleiben, wir haben die Gestaltung unseres Beziehungslebens selbst in der Hand."

Wie wichtig ist Intimität für die Beziehung?

„Sehr wichtig. Immerhin ist Intimität bestenfalls das Resultat aus tiefer Vertrautheit, und Nähe, sozusagen der ‚Kleber' und der Schlüssel zu einer glücklichen gemeinsamen Sexualität. Berührungen und gemeinsame Lust stärken die Paarbeziehung, denn dadurch drücken wir unsere Zuneigung aus und dies macht glücklich und schafft Harmonie."

DAS KARTENHAUS: WAS, WENN ES ZUSAMMENFÄLLT?

Das Familienleben ist nicht immer Gelächter und kuscheln. Es gibt stressige Zeiten, Krisen. Oft kommt es einem vor, als würde immer ein Familienmitglied irgendein Problem haben, kleine Kinder sind gefühlt ständig krank. Wie steht man diese Zeiten durch? Welche Möglichkeiten gibt es, um die Überforderung aus der Situation zu nehmen? Vielleicht sollten wir über das gängige Familienmodell „Kleinfamilie“ nochmal nachdenken?

Das Versagen der Kleinfamilie

Für viele klingt das, was wir euch in den bisherigen Kapiteln vorgestellt haben, nach einem ganz schön komplizierten Konstrukt. Ständige Absprachen, auf den anderen eingehen, die eigenen Bedürfnisse hinterfragen und auch noch nebenbei die Kinder großziehen. Anstrengend!

Und ja, man kann das Konstrukt Kleinfamilie durchaus infrage stellen. In einem Interview mit Barbara Vorsamer in der *Süddeutschen Zeitung* (25.10.2017) sagt die österreichische Autorin und Politikwissenschaftlerin Mariam Irene Tazi-Preve: „Der Partner und die Kinder sollen uns froh machen, das Zuhause ist der Sehnsuchtsort, in dem alles stimmen muss. Das ist so überfrachtet, dass es nicht funktionieren kann. Die Familie soll glücklich machen, aber sie tut es nicht."

Wer gleichberechtigt leben will, kommt um viel Kommunikation und Planung nicht herum. Oft haben sich Strukturen aber auch bald eingespielt, und das Konstrukt fühlt sich nicht nach einem Konstrukt, sondern ganz natürlich an.

Findet euren Weg

Dennoch dürft ihr das Prinzip von Vater-Mutter-Kind durchaus mal hinterfragen, wenn es sich für euch nicht erfüllt anfühlt. Seid mutig und findet euren Weg! Traut euch, euch frei zu machen, von der gesellschaftlichen Erwartung an die Kleinfamilie. Vielleicht passt für euch zum Beispiel ein offenes Modell besser. Alleinerziehende sind längst kein Randphänomen mehr. Vielleicht wollt ihr gemeinsam mit den Kindern in eine große WG ziehen? Vielleicht ein Mehr-Generationen-Haus mit der Verwandtschaft gründen?

Vielleicht reicht euch auch aber schon ein großes Netzwerk, und die gleichberechtigte Elternschaft nimmt euch erst mal genug Stress ab und lässt euch zufrieden sein.

Keine Zeit, krank zu werden?

Wenn wir genau hinsehen, ist es doch nicht prinzipiell die Kleinfamilie an sich, die problematisch ist, sondern die Tatsache, dass in vielen heteronormativen Beziehungen ein Elternteil überproportional viel Verantwortung tragen muss. Kommunikation und Organisation sind natürlich aufwendig in einem fifty-fifty-Modell, aber viele LeserInnen unseres Online-Magazins berichten uns, dass das ja auch in traditionell lebenden Familien das A und O ist. Letztendlich sei es immer eher angenehm, zu wissen, dass der Partner, oder die Partnerin im Fall der Fälle sofort übernehmen kann. Im traditionellen Modell könnte der Vater ja nicht schnell einspringen, wenn die Mutter zum Beispiel krank ist. Er bräuchte erst eine lange Erklärung, wo alles ist, und wie alles läuft.

Krank werden: Ein gutes Stichwort. Denn das ist es, was das Kartenhaus Familie wohl am häufigsten zusammenfallen lässt. Ein Kind wird krank – und es muss alles neu organisiert werden. Oder ein Elternteil wird krank. Es gibt dieses englische Meme: *„I used to wonder why my mom never got sick when I was little. Now I know she did get sick. She just didn't have the time for that shit.“* Zu Deutsch: „Früher habe ich mich gefragt, warum meine Mutter nie krank wurde. Heute weiß ich, sie war krank, aber hatte keine Zeit für so was.“ Viele Mütter lächeln, wenn sie das lesen – weil es ihnen bekannt vorkommt. Denn während alle anderen Familienmitglieder in traditionellen Beziehungen krank werden können, ist es häufig die Mutter, die alles auffängt, die alle Fäden in der Hand hat und die deshalb – oft zu Recht – wirklich das Gefühl hat, nie krank werden zu können, ohne dass das Kartenhaus zusammenfällt.

Krisen gehören dazu

Es ist völlig normal, das eigene Lebenskonstrukt nicht an jedem Tag toll zu finden. Und sich auch unangenehme Fragen zu stellen: Sind wir noch glücklich? Sehen wir uns genug? Fühlen wir uns ausgeglichen? Es kann im Familienalltag passieren, dass man sich „voneinander weg organisiert“: Einer geht morgens aus dem Haus, wenn alle noch schlafen, der andere übernimmt am nächsten Tag, abends hat der eine einen Abendtermin, der andere möchte ausgehen. Versucht, wirklich regelmäßig in euch reinzuhören, ob noch alles gut läuft, und wo man eventuell nachjustieren könnte. Ja, es ist ein Kartenhaus. Aber wenn man lange genug hin- und herzurrt, steht es zumindest irgendwann felsenfest.

Ein Netzwerk aufbauen

So fest das Haus auch steht, es kann immer passieren, dass etwas schiefläuft, einer krank wird oder beide. Und am besten auch noch die Kinder. Oder es fallen viele Termine zusammen und man kommt mit zwei Betreuungspersonen einfach nicht mehr weiter. Vielleicht braucht einer von euch dringend eine Auszeit, und der andere schafft es aber alleine gerade auch nicht gut. Was da hilft: ein Netzwerk. Ein „Dorf“, das mithilft. *„It takes a village to raise a child“,* dieses afrikanische Sprichwort will sagen, dass eine ganze Gemeinschaft von Menschen mit Kindern interagieren muss, damit diese sich gut entfalten und wachsen können. Es ist so wahr! Und doch ist das in unserer modernen Welt gar nicht immer so leicht umzusetzen.

Mehr als eine Bezugsperson zu haben, ist gut für Kinder

Es gibt dieses schreckliche, deutsche Wort „Fremdbetreuung“, das eine Grundhaltung ausdrückt, die es vielen Eltern noch schwerer macht: Werden die Kinder außerhalb der Familie betreut, gilt das als „fremd“, dabei sind liebevolle ErzieherInnen nach kürzester Zeit alles andere als Fremde, sie sind Bezugspersonen!

Wie und wie lange ihr euren Nachwuchs betreuen lassen wollt, sollt ihr natürlich dennoch selbst entscheiden. Vergesst allerdings auch wieder nicht, dass Prägungen und Sozialisation eine sehr große Rolle spielen. Eltern in Süddeutschland werden vermutlich viel eher ein schlechtes Gewissen haben, wenn das Kind früh in einer Krippe betreut wird, als Eltern in den neuen Bundesländern, wo Kita ab eins einfach Standard ist. Das liegt natürlich nicht daran, dass es ein Falsch oder Richtig gibt, sondern dass die Normen einfach unterschiedlich sind.

Versucht, euch frei von Erwartungen zu machen, schaut euer Kind genau an und versucht gemeinsam, eine gute Lösung zu finden. Es gibt viele Möglichkeiten, sowohl was den Zeitpunkt als auch die Form der Betreuung angeht – und natürlich ist es am allerwichtigsten, dass das Kind sich wohlfühlt, und auch ihr das Gefühl habt, dass es gut betreut ist. Im Idealfall findet ihr eine Betreuung, die eine Ergänzung zu eurer Erziehung ist, mit ErzieherInnen, die Bezugspersonen für euer Kind werden. Eine Einrichtung eben, die eine Entlastung für euch und eine Bereicherung für euer Kind ist.

Tut euch zusammen!

Tatsächlich ist Eltern zu werden und Eltern zu sein eine wunderbare Gelegenheit, neue Kontakte zu knüpfen. Gerade wenn im Freundeskreis noch viele ohne Kinder sind, kann es passieren, dass Tagesablauf und Interessen für eine Zeit nicht mehr gut zusammenpassen. Deshalb ist es oft sehr schön, neue Eltern-Freunde zu finden. Ab einem gewissen Alter übernehmen die Kids das meistens selbst, sie wollen nachmittags Freunde treffen, sind auf Kindergeburtstage eingeladen und man trifft andere Familien bei Hobbys und Aktivitäten der Kids. Man kann aber auch als Eltern bewusst von Anfang an versuchen, Gleichgesinnte zu finden, sie ansprechen und sich vielleicht mal mit ihnen verabreden und anfreunden. Oft sitzt man beim Elternabend in den Betreuungseinrichtungen, und es gibt eine Mutter, oder einen Vater, die oder den man sympathisch findet. Wir sagen: sofort ansprechen! Man hat ja direkt ein Thema. Und dann einfach mal treffen und sehen, wie es läuft. Das Ziel ist nicht nur, ein Netzwerk für den Ernstfall zu knüpfen, nicht alleine auf dem Spielplatz zu sitzen, ist ja auch nett. Vielleicht lädt man sich auch mal gegenseitig zum frühen Abendessen ein, die Kinder können noch spielen und die Erwachsenen über ihre Themen sprechen.

Aber natürlich ist es schön, wenn man sich im Freundeskreis auch irgendwann unterstützen kann. Hier gibt es unendlich viele Möglichkeiten, es ist nur immer so, dass einer den ersten Schritt machen muss. Also diesen einen Anruf, diese Frage: „Kannst du mein Kind morgen früh in den Kindergarten mitnehmen?" oder „Wollen wir eine Fahrgemeinschaft bilden, sodass nicht alle jeden Tag fahren müssen?" Ihr könnt euch denken, dass wir finden, dass Vater und Mutter idealerweise beide diese Gespräche führen sollten. Natürlich sind die Menschen unterschiedlich extrovertiert und offen, aber wenn es irgendwie geht: Beide sollten versuchen, Eltern-Freundschaften zu pflegen!

Nach Hilfe zu fragen, muss man lernen

Diesen ersten Schritt zu machen, muss man lernen. Selbst wer noch so offen ist, tut sich oft schwer, um Hilfe zu bitten. Gerade, weil wir als Eltern wissen, wie anstrengend das Familienleben sein kann, fällt es oft nicht leicht, jemand anderem noch mehr Stress zuzumuten.

Zudem wird Familie hierzulande als etwas sehr Privates angesehen. Man hält vieles lieber innerhalb der eigenen vier Wände, spricht auch oft über Probleme oder Konflikte (die es ja in jeder Familie gibt) eher nicht mit anderen – und schottet sich so ein bisschen ab.

Überlegt euch aber immer Folgendes:

- Meist macht es keinen großen Unterschied, ob man zum Beispiel ein oder zwei Kinder vom Kindergarten abholt, manchmal ist es sogar viel entspannter. Traut euch also ruhig, jemanden aus eurem Umfeld zu fragen, ob er oder sie das Kind mit abholen könnte.
- Wie würdet ihr selbst reagieren, wenn euch jemand fragt? Wenn es nicht gerade gar nicht passt, würdet ihr „Na klar, kein Problem!" sagen, oder? Vermutlich geht es den anderen da genauso.
- Langfristig helfen sich alle. Es ist schön zu wissen, dass Freunde einspringen können, wenn mal Not am Mann ist. Für alle!

DENKANSTOSS: UNSERE ERFAHRUNG ZUM NETZWERKEN

Unsere Kinder haben viele Freunde und Freundinnen, mit denen sie schon seit Babytagen befreundet sind. Auch mit den Eltern sind wir mittlerweile eng befreundet. Man muss ein solches Netzwerk pflegen, was aber auch schön ist. Und im Idealfall fühlen sich die eigenen Kinder in anderen Familien irgendwann so wohl, dass sie dort selbstverständlich ein- und ausgehen. Nur logisch, dass das auch ganz schön erleichternd sein kann, vor allem, wenn alle Eltern berufstätig sind.

Hilfe gibt's in der Nachbarschaft, in der Familie und auch im Internet

Natürlich ist es für den Aufbau eines „Dorfs" auch schön, wenn man erst einmal die Familie und das nähere Umfeld mobilisiert. Wohnt ein Großelternteil in der Nähe? Oder eine (Groß-)Tante, oder ein

(Groß-)Onkel? Vielleicht haben sie Zeit und Lust, euer Kind schon in jungen Jahren kennenzulernen und später vielleicht auch regelmäßig Zeit mit ihm zu verbringen und euch zu entlasten. Sowieso gilt immer: In der ersten Zeit baut man die Freundschaft auf. Car-Pools, Verabredungen zum Spielen, Übernachtungen – das kommt später. Auch auf den Kindergeburtstagen muss man irgendwann nicht mehr danebensitzen, sondern kann in dieser Zeit etwas anderes machen!

Vielleicht habt ihr in der Nachbarschaft Eltern mit Kindern in einem ähnlichen Alter? Versucht auch hier, Kontakte zu knüpfen. Gerade wer nah beieinander wohnt, kann sich toll entlasten.

Es gibt zudem einige Apps, die bewusst darauf ausgelegt sind, das Netzwerken für Eltern zu erleichtern. Bekannt sind zum Beispiel Momunity und Barrio, hier finden sich Gleichgesinnte, die im Idealfall auch noch in der Nähe wohnen. Es gibt auch unzählige Facebook-Gruppen, die das Ziel haben, Eltern zu vernetzen. Versucht, Gruppen in eurer Nähe zu finden und lest einfach mal mit, um zu sehen, ob jemand dabei ist, den ihr sympathisch findet. Sie sind auch oft sehr hilfreich, wenn es um Elterntipps, Informationsaustausch und die Weitergabe von Kleidung, Spielsachen und anderen Dingen geht.

Care-Arbeit auslagern – wollen wir das überhaupt und was ist möglich?

In vielen gleichberechtigten Partnerschaften, in denen beide berufstätig sind, stellt sich zudem irgendwann die Frage: Sollen wir nicht einfach jemanden bezahlen, der uns Aufgaben abnimmt? Das ist natürlich auch eine Kostenfrage.

Überlegt euch, wie viel Zeit euch wirklich entlasten würde. Viele Paare teilen sich zum Beispiel die Aufgaben so auf, dass jeder zwei Nachmittage pro Woche übernimmt und einer von Freunden oder einem Babysitter gewuppt wird. Manchmal reicht auch schon ein Nachmittag oder Abend pro Woche.

Warum die Auslagerung auch problematisch ist

Im Kapitel „Der Alltag holt uns ein“ haben wir am Beispiel von Hausarbeit schon einmal angesprochen, warum das Auslagern von Aufgaben nicht immer unproblematisch ist. Häufig wird die Care-Arbeit nämlich einfach nur wieder an andere Frauen abgegeben, die teilweise sogar selbst Kinder zu versorgen haben. Versucht also vielleicht erst einmal, das unter euch oder mit anderen Eltern (Eltern, nicht nur Müttern!) zu regeln.

Dennoch kann es natürlich legitim und hilfreich sein, Hilfe für die Betreuung in Anspruch zu nehmen. Vielleicht findet ihr einen Studenten oder eine Studentin, der oder die euch helfen kann? Wir kennen Familien, die hier bewusst Männer eingestellt und sie „Manny“ genannt haben. Herrlich! Abends könnte vielleicht auch ein älteres Geschwisterkind aufpassen. Hört euch im Freundeskreis, in Facebook-Gruppen und so weiter um. Oder ihr nutzt einen Online-Service wie betreut.de.

Auch ein Au-pair kann eine tolle Sache sein. Hier muss allerdings ein Zimmer übrig sein, zudem ist das natürlich mit weiteren Kosten, Risiken und mit viel Organisationsaufwand verbunden. Wenn es gut läuft, lernen die Kinder dafür nebenbei noch eine Fremdsprache!

Wichtig ist in jedem Fall, dass ihr euch *beide* um die Betreuung kümmert, dass sie anständig entlohnt wird, und ihr euch alle wohl damit fühlt.

RAUS AUS DER KOMFORTZONE (UND WARUM DAS ROMANTISCH SEIN KANN!)

Viele LeserInnen haben sich dieses Buch bestimmt gekauft, weil sie gerne anders leben würden oder vielleicht weil sie das erste Kind erwarten und sich überlegen: Was für eine Familie wollen wir sein? Was ist mir wichtig? Die gute Nachricht ist: Mit dem Kauf des Buches habt ihr den ersten Schritt in eine fairere Aufteilung gemacht. Die schlechte Nachricht: Jetzt wird es unbequem. In diesem Kapitel besprechen wir das vermeintliche Phänomen des „Maternal Gatekeeping" und warum wir alle (!) immer wieder aus unserer Komfortzone rausmüssen, weil man sich nur so vorwärtsbewegt – eure Partner eingeschlossen.

Maternal Gatekeeping – was ist das und kann das weg?

Ein Gatekeeper, also ein Türhüter, ist jemand, der eine wichtige Position einnimmt und den Einfluss anderer und deren Interaktionen kontrolliert. Durch die Medien geistert der Begriff „Maternal Gatekeeping“ schon eine ganze Weile, meistens als Argument dafür, dass Väter sich zu Hause und bei der Kinderbetreuung nicht einbringen können, weil die Mütter dies verhindern würden. Die „mütterliche Türhüterin“ würde den Vater nicht „ranlassen“, wisse alles besser und lasse dem Papa keine Chance! Die Mütter unter euch bekommen es jetzt vielleicht schon mit einem leichten Wutgefühl im Bauch zu tun.

Aber treten wir mal kurz einen Schritt zurück: Das Phänomen „Maternal Gatekeeping“ bezeichnet eigentlich einen seltenen und schweren Fall einer Bindungsstörung bei der Mutter. Sie kann nicht in einer Dreier-Beziehung funktionieren und sieht nach der Geburt des Kindes den Vater als einen Störfaktor – sie versucht, der wichtigste Mensch für das Baby zu sein und dabei den Vater von der Beziehung auszuschließen. Das ist die eigentliche Definition des Begriffs.

In den allermeisten Fällen, in denen landläufig von „Maternal Gatekeeping“ gesprochen wird, geht es aber einfach darum, dass Mütter ihre Kinder besser kennen, schneller wissen, warum diese weinen, weil sie mehr Zeit mit ihnen verbringen, und so dem Vater Kompetenzen absprechen oder ihn ständig korrigieren. Es hat also mit dem berühmten „Kontrollzwang“ von Müttern zu tun. Wir setzen das Wort in Anführungsstriche, weil es diesen Kontrollzwang zwar schon gibt, allerdings resultiert er daraus, dass Mütter eben meistens die Hauptverantwortung tragen und nicht, weil sie, wie ihnen unterstellt wird, einfach rücksichtslos über die Situation bestimmen wollen. Und derjenige, oder diejenige, der oder die Verantwortung trägt, hat natürlich auch den Druck, dass alles läuft, denn wenn etwas schiefgeht, sind die VerantwortungsträgerInnen diejenigen, die es dann auch ausbaden müssen. Einen gewissen Kontrollzwang abzulegen, ist hilfreich, es heißt aber auch, dass man Verantwortung abgibt, und das müssen viele Frauen erst lernen, weil sie ganz anders sozialisiert wurden.

Aber zurück zum Vorwurf des „Maternal Gatekeepings". Der Autor und Zweifach-Papa Jochen König fasst die Problematik dieses Begriffs in seinem Blog jochenkoenig.net sehr schön zusammen: „Wer hundert Mal häufiger eine Windel wechselt, hat das Recht, kritisch zu sein, zu korrigieren und Kompetenzen infrage zu stellen. Wer es hundert Mal seltener macht, muss diese Kritik aushalten oder eben von Geburt an engagierter sein und häufiger die Windel wechseln. ‚Maternal Gatekeeping' ist nichts anderes als ein Abschieben dieser Verantwortung von Vätern auf Mütter."

Wir halten also fest: „Maternal Gatekeeping" gibt es wirklich nur in seltenen Fällen. Häufig ist es einfach eine Ausrede von Vätern, die faul sind (sorry!) oder nicht über ihren Schatten springen können. Es gibt allerdings schon bei den allermeisten Frauen die Rollenvorstellung, dass sie die Hauptverantwortliche sein müssen. Und deshalb verhalten sie sich manchmal auch so, als ob sie alles übernehmen müssten, was das Baby angeht. Dabei können Väter das genauso!

„Lass ihn machen" üben

Und hier kommt auch das „Raus der Komfortzone" ins Spiel: Viele Mütter spüren den gesellschaftlichen Druck, die Hauptverantwortliche zu sein, der im Übrigen auch ganz subtil sein kann. Sie haben schon als kleine Mädchen gelernt, dass sie die Puppenmamas sind und denken insgeheim doch, sie wüssten es besser. Wir raten: „Nein! Lass den Papa einfach machen!" Erklärt nicht, wie ihr die Windel wechselt, sondern lasst ihn auch mal „ins offene Kacka-Messer rennen“. Er wird seine eigenen Erfahrungen machen, daraus lernen und seine eigenen Lösungen finden.

Gerade am Anfang fällt es eventuell nicht leicht, das Baby auch mal dem Papa zu überlassen. Die Frau hat dieses Kind immerhin über neun Monate im Bauch getragen, da ist es schon nicht einfach, auch mal loszulassen. Marie sah das so: „Ich hatte dieses süße Bündel nun fast zehn Monate im Bauch und habe in dieser Zeit naturgemäß immer die Hauptverantwortung getragen. Jetzt kann auch wirklich mal der Papa ran!“ Die anfängliche Überwindung wird sich lohnen. Es ist so schön, zu sehen, wie Papa das Baby versorgt. Wie das Baby sich auch bei ihm wohlfühlt. Und es nimmt einem eine enorme Last von den Schultern, die man vorher unter all den Babyhormonen gar nicht gefühlt hat.

Viele Wege führen zu mehr Gleichberechtigung

Es gibt hier keine Ratschläge, ab wann genau ein Vater auch mal eine Nacht mit dem Baby alleine verbringen sollte (außer vielleicht: so früh wie möglich). Es muss auch nicht jede Familie ein Familienkonto eröffnen oder jeder Papa das Beistellbett auf seiner Seite haben. Jede Familie ist anders, jedes Kind auch, und deswegen können wir euch keinen kompletten Fahrplan mitgeben, denn er wird einfach nicht zu jeder Situation passen. Es gibt viele Wege in Richtung Gleichberechtigung. Vielleicht pickt ihr euch einfach die Dinge raus, die für euch passen. Gleichzeitig müsst ihr aber alle ab und zu mal über euren Schatten springen, versuchen, die Dinge aus anderen Perspektiven zu sehen und eure Komfortzone verlassen. Ihr werdet diskutieren müssen, vielleicht auch manchmal streiten. Aber das tut man ja sonst auch, wenn einer unzufrieden ist, also könnt ihr auch gleich um etwas Sinnvolles streiten, oder?

Die ersten Schritte aus der Komfortzone

Trotzdem wollen wir euch hier ein paar konkrete Tipps an die Hand geben, wie ihr den Mental Load abgeben könnt und vor allem, wie ihr es rausschafft aus der Denkweise „Ich bin die Mama und die Hauptverantwortliche". Dabei ist es zeitweise ja auch okay, wenn man sich abwechselt. Also wenn einer mal eine gewisse Zeit lang mehr macht. Konstantes pedantisches Erbsenzählen hat noch keinem wirklich etwas gebracht und macht vermutlich auch nicht glücklich. Aber dazu später mehr. Diese Dinge anzusprechen kostet nun einmal einfach Überwindung! Die hat es uns auch gekostet. Und tut es noch – fast jeden Tag. Das heißt aber nicht, dass man es deswegen vermeiden sollte.

Glaubenssätze überwinden

Wir alle haben Glaubenssätze in uns, die wir schon als Kinder gelernt und die sich aus unserer Sozialisierung ergeben haben. Wenn wir aber gleichberechtigt mit unserem Partner leben wollen, müssen wir unbewusste und internalisierte Glaubenssätze, die uns im Weg sind, erkennen und diese ablegen. Ein Beispiel, das wir schon mehrmals erwähnt haben: „Ich bin die Mama und die Hauptverantwortliche." Noch mal: Das ist Quatsch. Der Vater ist genauso verantwortlich.

Weitere Beispiele für Auffassungen, die frau ruhig mal ablegen kann:

- „Ein Kind braucht seine Mutter": Dieser Satz gehört zur selben Kategorie wie der vorherige Glaubenssatz. Richtiger wäre es vielleicht, zu sagen: „Ein Kind braucht seine Bezugsperson(en)." Das können aber nicht nur die biologischen Mütter oder Väter oder Großeltern sein.
- „Mütter sind biologisch einfach darauf gepolt, sich um Kinder zu kümmern": Falsch. Studien haben ergeben, dass zum Beispiel das Bindungshormon Oxytocin auch bei Vätern hergestellt wird,

wenn sie Zeit mit ihren Kindern verbringen. Eine weitere Studie belegt, dass auch der Hormonhaushalt von Männern sich verändert, wenn sie Vater werden: Der Testosteron-Spiegel sinkt. Die Wissenschaftsjournalistin, Chemikerin und You-Tuberin Mai Thi Nguyen-Kim sagt dazu: „Deine Hormone oder Neurologie geben nicht vor, wie gut du dich um dein Kind kümmerst, sondern, wenn du dich um dein Kind kümmerst, stellen sich deine Hormone und dein Körper darauf ein.“ Egal, ob man Vater oder Mutter ist!

- „Voll gut, wenn der Mann im Haushalt hilft“: Papa „hilft“ nicht im Haushalt. Es ist genauso sein Verantwortungsbereich. Bei „etwas helfen“ impliziert, dass es eigentlich nicht seine Aufgabe ist. Ist es aber. Zudem ist eine Chef-Hilfsarbeiter-Beziehung natürlich auch das Gegenteil davon, auf Augenhöhe zu sein.
- „Heute passt Papa mal auf die Kinder auf“– auch hier: Es sind seine Kinder! Er kann seine eigenen Kinder nicht babysitten, genauso wie man niemals über eine Mama sagen würde, heute Nachmittag passt Mama mal auf die Kinder auf.

Fahrt auch mal alleine weg

Hier kommt ein weiterer Tipp: Haut ab! Ja, wirklich. Macht euch einfach mal aus dem Staub. Marie ist, wie schon erwähnt, gleich nach dem Abstillen drei Tage mit einer Freundin nach Dublin gefahren. Drei Tage mal nur zu machen, worauf man Lust hat, mit der Freundin endlich über alles reden zu können, ohne ständig unterbrochen zu werden. Die Seele baumeln lassen. Wunderbar.

Das ging aber auch nur, weil sie wusste, dass ihr Baby in guten Händen ist. Und sie wusste auch, dass sie Vater und Kind viel bringen würde, diese Zeit mal nur zu zweit. Ein wenig Überwindung gekostet hat es Marie trotzdem. „Kann ich wirklich weg? Bin ich dann nicht eine schlechte Mutter?“, dachte sie schon beim Buchen der Flüge. Sie merkte dann aber schnell, dass das in Wahrheit gar nicht ihre eigenen Gedanken waren, sondern viel eher alte Rollenverständnisse, die noch in ihr wirkten (und auch Freundinnen, die nicht fassen konnten, dass sie „ihr Baby alleinließ"), was natürlich totaler Quatsch ist. Das Baby ist doch bei seinem Papa!

Einfach mal liegen lassen

Auch was den Haushalt angeht, kann man sich aus dem Staub machen, beziehungsweise Dinge einfach mal nicht tun, wie zum Beispiel das Klopapier nachzufüllen oder die Handseife. Irgendwann kommt auch der Partner oder die Partnerin mal darauf, dass da vielleicht etwas fehlt. Die Autorin und Psychologin Patricia Cammarata beschreibt es in ihrem Buch „Raus aus der Mental Load Falle" als die „CamPatri-Methode" – in Anlehnung an die japanische Aufräum- und Organisationsexpertin Marie Kondo, die mit ihrer Aussortier-Methode „Konmari" weltweit bekannt geworden ist: „Mit der CamPatri-Methode stellt ihr euch blind und taub und wartet ab, was passiert. Im Idealfall übernimmt sie (die Aufgabe) irgendwann jemand anderes." (S. 44)

Dafür braucht es natürlich auch Geduld und Kreativität. Einfach mal die Wäsche stehen zu lassen, die Klopapierrolle nicht zu wechseln, keine neue Milch in den Kühlschrank zu stellen und zu schauen, was passiert, erfordert etwas Überwindung. Irgendwann wird vielleicht jemand anders (euer Partner) die Aufgabe übernehmen und wenn nicht, war sie vielleicht doch nicht so wichtig.

Man muss raus aus seiner Komfortzone, um Dinge, auf die man vorher pedantisch geachtet hat, damit das gefühlte Kartenhaus nicht zusammenfällt, einfach sein zu lassen. Aber es befreit!

Grundlegendes sollte geklärt werden

Genau genommen sind die bisher vorgestellten Übungen aber eigentlich noch die Light-Version der Umstellung. Ihr müsst auch ganz grundlegende Fragen klären, wie das Thema Verhütung oder welchem Job ihr im Ernstfall die Priorität einräumt.

Wer kümmert sich um die Verhütung?

Viel zu lange war Verhütung immer Frauensache. Sicherlich sind viele unserer LeserInnen noch mit der Vorstellung groß geworden, dass sie dafür selbst verantwortlich sind, denn Frauen können ja die Pille nehmen! Dass zur Verhütung zwei gehören, dämmerte den meisten erst in den letzten Jahren. Eine Studie für die Erforschung der männlichen Pille wurde, das nur nebenbei, vor Jahrzehnten abgebrochen. Warum? Weil die Teilnehmer über Libidoverlust und Stimmungsschwankungen klagten. Vielen Frauen, die die Pille nehmen oder genommen haben, kommen diese Symptome sicherlich sehr bekannt vor.

Es gilt also, auch mit dem Partner zu besprechen, was er denn in Sachen Verhütung tun könnte. Die einfachste, und oft nicht sonderlich beliebte Lösung: Kondome benutzen. Möglich wäre auch eine Vasektomie (Sterilisation des Mannes). Vielleicht habt ihr euch schon jahrelang mit der Pille herumgeschlagen oder habt euch eine Spirale einsetzen lassen. Ist nicht irgendwann mal der Mann dran? Leider gibt es (noch) nicht sehr viele Verhütungsmöglichkeiten für Männer. Aber wie wäre es denn, wenn der Partner dann wenigstens die Spirale bezahlt, wenn ihr schon den Schmerz ertragen und euch die Mühe machen müsst? Oder er merkt sich die Uhrzeit für die Pillen-Einnahme und erinnert euch täglich daran? So ist zumindest der Mental Load für sie verringert.

Wer geht im Zweifel vor?

Auch ein eher unangenehmes Thema: Welcher Job hat die Priorität, wenn's wirklich mal hart auf hart kommt? Wenn der Kitaplatz plötzlich wegbricht und man doch noch länger das Kind betreuen muss? Wer bleibt öfter mit dem kranken Kind zu Hause? Seid ehrlich mit euch selbst.

Als es kurzzeitig mal so aussah, dass die Elternzeit für Maries Freund nicht klappen würde, stritten die beiden: Marie warf ihm vor, dass sie immer verfügbar sein und Zeit haben müsse, und er könne sich herausnehmen, einfach zu sagen, das ginge bei ihm nicht. Das sei nicht fair, fand Marie. Und mit einem Mal fiel dann auch der Satz: Sein Job als Arzt sei eben wichtiger. Wow. Marie fühlte die Ungerechtigkeit sehr deutlich, wie einen üblen Schmerz in der Bauchgegend. Noch vor einigen Jahren hätte sie klein beigegeben, hätte sich vielleicht eingeredet, sein Job sei wichtiger. Etwas in ihr sträubte sich aber dagegen. Sie sagte sich: „Meine Arbeit ist auch wichtig, verdammt! Genauso wichtig, auch wenn ich damit keine Leben rette." Und basta! Das Ende der Geschichte kennt ihr schon. Ihr Freund schaffte es dann, doch Elternzeit zu nehmen (wenn auch nicht ganz hälftig) und merkte ganz nebenbei, dass er bei seiner Arbeit doch nicht so unersetzlich ist.

Harmonie hin oder her – es bringt auch nichts, wenn man unglücklich ist

Manchmal muss man auf sein ungutes Bauchgefühl hören und es einfach aussprechen, auch wenn man anders gepolt ist oder anders erzogen wurde. Auch, wenn man lieber Harmonie hätte und sich nur auf die positiven Dinge konzentrieren möchte. Auch, wenn man das Gefühl hat, es würde vielleicht einfacher sein, sich traditionelleren Rollenvorstellungen hinzugeben. Langfristig gesehen leidet mindestens einer der Elternteile darunter, wenn man aus dem Bestreben nach vermeintlicher Harmonie heraus Abstriche macht, die man gar nicht machen möchte. Gewohnheiten aufzubrechen lohnt sich, es anders zu machen als seine Eltern, ebenso.

Immer wieder nachjustieren

Immer wieder über die Aufteilung zu sprechen, mag anstrengend sein, aber wir sind davon überzeugt, dass es sich langfristig lohnt – für beide!

Das System ist nicht starr

Lebensumstände ändern sich, Kinder werden größer, entwickeln andere Bedürfnisse. Es gibt nicht die eine perfekte Patentlösung. Ihr werdet immer wieder über alles sprechen müssen, erneut diskutieren und schauen müssen, was ergibt Sinn, was ist für beide machbar? Der Vorteil liegt darin, dass ihr dadurch viel miteinander redet, was generell immer ziemlich gut ist für eine Beziehung. Wichtig ist nur, dass es nicht überhandnimmt, sondern dass ihr auch noch Paar seid, euch gegenseitig genießen könnt, und euch nicht nur als Projektmanager eines Teams begreift (was ja auch schon wahnsinnig viel ist).

Kommunikation ist alles

Wenn ihr über alltägliche Aufgaben oder Bedürfnisse sprecht, ist es wichtig, dabei ganz konkret zu werden: „Weißt du, ich habe in letzter Zeit immer darauf geachtet, dass der Kühlschrank voll ist. Vielleicht könntest du das für die nächsten Wochen übernehmen?“ – in etwa so. Sprecht klar darüber, was euch Sorgen macht, was euch zu viel ist oder wo ihr gerne Dinge abgeben würdet. Bei Isabel ist es beispielsweise so, dass sie die Wäsche macht und ihr Mann sich um den Lebensmittelvorrat und das Kochen kümmert. Vor Kurzem warf er ein, dass Küche und Kochen mehr Arbeit sei als die Wäsche. Die Lösung: Sie teilen sich in puncto Kochen jetzt die Arbeit besser auf.

Kann ich nicht, gibt's nicht – und warum Freiwilligkeit so romantisch ist!

Gleichberechtigung heißt auch, dass sich beide ein Herz fassen müssen, dass beide bereit sind, sich in unbekanntes Fahrwasser zu begeben. Auch wenn ihr glaubt, keine Lampe anschließen zu können oder (Achtung, Klischee!), keine guten Autofahrerinnen zu sein, probiert es, setzt euch damit auseinander. Ihr seid doch nicht blöd! Genauso wie manche Männer vielleicht sagen, sie können nicht gut kochen oder einen Knopf annähen oder das Baby beruhigen (noch mal Klischee-Alarm, sorry!), sagen Frauen oft, sie könnten kein Loch in die Wand bohren. Das ist Mist. Es lässt sich alles lernen.

Es ist auch hier wieder eher eine Frage des Wollens und nicht des Könnens. Das muss man sich vergegenwärtigen: Ihr seid beide fähige Menschen. Manches macht der eine vielleicht lieber als der andere, klar, dann ergibt es auch Sinn, sich diese Aufgaben aufzuteilen. Aber seht dies als freiwillige Entscheidung an und handhabt es nicht so, weil ihr glaubt, etwas nicht zu können und in einem Abhängigkeitsverhältnis zu sein. Wer unter den Leserinnen mal längere Zeit alleine gewohnt hat oder gar mal alleinerziehend war, weiß, wozu man unter Umständen in der Lage sein kann! Aber auch für Männer gilt: Sie sind nicht von der Frau abhängig, weil die sich einfach besser um die Kinder kümmern kann. Wenn man sich als Paar bewusst wird, dass man nicht zusammen ist, weil man es muss, weil der andere Dinge kann, die man selbst nicht „kann", sondern weil man zusammen sein will, ganz freiwillig, weil es schön ist – wie romantisch ist das bitte?

JA, ES GIBT SIE SCHON! PAARE, DIE FIFTY-FIFTY LEBEN

Die Idee zu diesem Buch entstand durch die fifty-fifty-Serie in unserem Online-Magazin „Little Years“. Dort erzählten Paare von ihrem Weg in die gleichberechtigte Elternschaft. Wie sie sich die Arbeiten aufteilen, welche Hürden es gibt, wenn man alles, so gut es geht, hälftig teilt, was gut klappt und was nicht. Und sie zeigen: Man muss nicht jeden Quadratmeter Leben genau zur Hälfte teilen, um ein gleichberechtigtes Paar zu sein. Jede Familie findet ihren Weg. Das werdet ihr auch in den Interviews merken! Nicht alle Paare haben zum Beispiel ein Familienkonto. Wenn man sehr unterschiedlich mit Geld umgeht, führt das nämlich eher zu Streit als zu Frieden. Nicht alle waren auch immer gleichwertig erwerbstätig. Und dennoch sind es Beziehungen auf Augenhöhe, die gleichberechtigt sind.

Los geht es mit Alexandra Zykunov und ihrem Partner Philipp. Die beiden leben mit ihren Söhnen in Hamburg, sie sind beide fest angestellt und zwar in Vollzeit! Das geht dank familienfreundlicher Arbeitgeber und guter Organisation. *Sehr* guter Organisation!

Hi, ihr beiden! Was und wie viel arbeitet ihr denn genau?

Alexandra: *„Ich arbeite als Journalistin in einem großen Verlagshaus, auf einer Vollzeitstelle, bei uns in der Abteilung heißt das 36 Stunden. Ich habe mehrere Chefinnen, sowohl mit Kindern als auch ohne, und tatsächlich sind alle sehr familienfreundlich eingestellt. Kinder krank – kein Problem. Homeoffice – klar, sag nur einen Tag vorher Bescheid. Konferenzen sind nie nach 15.30 Uhr. Ich kann an jedem Tag früher oder später anfangen und dann dementsprechend früher oder später gehen, solange ich das abspreche und keine wichtigen Termine verpasse. Das ist unfassbar toll und ich bin da sehr privilegiert, das weiß ich. Aber: Ich war auch schon angestellt in Unternehmen, bei denen Homeoffice oder Gleitzeit ein Fremdwort waren – und ich dann die erste Mitarbeiterin war, die z.B. Gleitzeit durchboxen musste. Klar, war das nervig, aber es hat funktioniert. Ich glaube fest daran, dass zur Vereinbarkeit zwei Parteien gehören und sowohl ArbeitgeberInnen als auch ArbeitnehmerInnen ihren Teil erfüllen müssen. Heißt auch: hingehen, unbequem werden, Lösungsvorschläge anbieten und diskutieren. Wenn es nicht geht, kann man daraus immer noch seine Konsequenzen ziehen. Aber wenn ArbeitnehmerInnen (also Mutter und auch Vater) einfach akzeptieren, wenn es heißt „Reduzieren/Homeoffice/Gleitzeit geht bei uns in der Abteilung einfach nicht“, ist das zu wenig. Wobei es natürlich immer Ausnahmen gibt: bei Schichtarbeit, in Krankenhäusern oder wenn man alleinerziehend ist, da ist es um einiges schwieriger.“*

Philipp: *„Ich bin Lehrer in einer Stadtteilschule. Homeoffice ist da natürlich nicht drin. Dafür bin ich nie später als 16/17 Uhr zu Hause, gehe morgens aber auch schon um kurz nach 7 Uhr aus dem Haus.*

Lehramt ist zwar ein sehr familienfreundlicher Job, ich fordere aber genauso wie Alex mehr als andere Kollegen. Zum Beispiel habe ich unseren Sohn früher, als er noch nicht in der Kita war, mal mit in den Unterricht genommen. Ging eben nicht anders – und muss auch mal okay sein! Ich gehe auch mal früher aus Konferenzen raus, wenn sie nach 16 Uhr sind. Dafür bekomme ich Verständnis. Wir sind tatsächlich beide so eingestellt, dass wir finden, ArbeitgeberInnen müssen familienfreundlich sein, komme was wolle, egal ob für Väter oder für Mütter – und kommunizieren das auch so.

Wie sind eure Kinder betreut?
Philipp: *Unser älteres Kind ist von 8 bis 16 Uhr in der Schule. Das Kleinere ist meist von 8.30 bis 15.30 Uhr in der Kita.*

Wie habt ihr eure Woche aufgeteilt?
Philipp: *„Wir haben einen exakt nach Tagen aufgeteilten Alltag und eine akribische Aufgabenverteilung. Manche sagen, dass wir zu dogmatisch durchorganisiert sind und mich stresst das auch manchmal, dass es so streng nach ‚Das ist meine Aufgabe, das ist deine Aufgabe' geht. Ich hätte es manchmal gern lockerer."*
Alexandra: *„Ich aber habe das Gefühl, dass, wenn es lockerer aufgeteilt wäre, ich in meinen Ruhepausen zu kurz kommen würde und viel mehr Care-Arbeit übernehmen müsste. Ich bewundere Paare, die sagen: Bei uns geht es auch ohne Absprache fifty-fifty auf. Ich weiß echt nicht, wie das funktionieren soll. Wenn wir seit Jahrhunderten so erzogen wurden, dass die Frauen mehr übernehmen, wie sollen dann solche Denkmuster bei einigen wenigen von uns einfach so ohne Absprachen und Diskussionen auf einmal aufgebrochen worden sein? Das Geheimnis dahinter würde ich gerne erfahren. Bis dahin fällt es mir ehrlicherweise echt schwer, zu glauben, dass bei solchen Paaren, die Frau nicht trotzdem mehr Care-Arbeit übernimmt. Und es beide mit Sätzen wie ‚Ich kann die Kids eben schneller ins Bett bringen als er' oder ‚Ich habe einfach höhere Sauberkeitsstandards als er und wische eben schnell*

selbst' verschleiern. Diese Verschleierungen auch seitens der Frauen selbst belegen tatsächlich auch neuere Studien."
Philipp: *„Bei unserem Plan achten wir darauf, was möglich ist und was jeder gerne oder weniger gerne macht. Frühschichten sind für Alex zum Beispiel wirklich hart, deshalb macht sie das nur zwei Mal die Woche. Als Gegenzug macht sie eher die Nächte mit der Kleinen. Auch die Wochenenden sind aufgeteilt, da machen wir es so, dass der, der früh aufsteht, sich mittags noch mal hinlegen darf."*
Alexandra: *„Wir haben aber auch viel Zeit zu viert. Ich bin ein totaler Strukturmensch, mir gefällt die Vorstellung, alles fifty-fifty aufzuteilen, sehr gut. Aber ich verstehe auch langsam, dass man sich die Flexibilität trotzdem bewahren sollte und alles immer mal wieder an die Bedürfnisse anpassen muss."*

Das klingt wirklich sehr strukturiert. Welche Tools nutzt ihr für die Planung?
Alexandra: *„Tatsächlich nur WhatsApp. Wir fotografieren Termine und Aushänge in der Kita oder Arzttermine oft ab und schicken es einander und wissen, dass es bei einem von uns im WhatsApp-Verlauf drin ist."*
Philipp: *„Ich habe meine Berufstermine auf meinem Kalender im Handy, Alex hat ihre auf dem Arbeitsrechner. Man könnte alles synchronisieren, aber wir befürchten, dass das alle überfrachten würde – und wir fahren so ganz gut."*

Geht da nicht manchmal etwas unter?
Alexandra: *„Unter nicht. Ich finde es tatsächlich sehr entspannend, dass unsere Kita nur sehr selten Input wie Bastelsachen, Kuchen, Utensilien o. Ä. von uns Eltern braucht. Die würde ich ständig vergessen. Wenn Windeln alle sind, muss mich die Erzieherin auch öfter daran erinnern. Das ist mir doppelt unangenehm: Erstens, weil ich es wieder vergessen habe und zweitens, weil meistens ich als Mutter darauf ange-*

sprochen werde und nicht Philipp als Vater. Als ob das nur in meinem Aufgabenbereich liegt.“

***Philipp:** „Wenn einer etwas partout vergisst, verteilen wir einfach Sachen um: Alex hat zum Beispiel einen Impftermin wochenlang vergessen, und sagte irgendwann: ‚Kümmerst du dich bitte um einen Impftermin, ich will das endlich aus meinem Kopf streichen.‘ Habe ich gemacht. Fertig.“*

***Alexandra:** „Klar ist der Mental Load dadurch nur zur Hälfte weg, denn man könnte berechtigterweise fragen, warum ich als Mutter ihn an solche Dinge erinnern oder ihn beauftragen muss. Aber wie gesagt: Jahrhundertelange Strukturen und Denkmuster sind nicht einfach aufzubrechen. Ein Schritt nach dem anderen.“*

Wann habt ihr Zeit für euch?

***Philipp:** „Ich spiele Tischtennis in einem Verein. Wenn Saison ist, bin ich immer Freitagabend ab 18.30 Uhr bis spät nachts auf Auswärtsspielen und einmal die Woche trainiere ich abends, aber erst nach 19.30 Uhr, sodass ich noch ein Kind ins Bett bringen kann.“*

***Alexandra:** „Ich habe eine Zeit lang Pilates gemacht, aber das ist mir gerade zu viel. Ich will abends meist auf die Couch oder ehrlicherweise ans Handy. Sonntagnachmittag kommt immer die Babysitterin für zwei, drei Stunden, damit Philipp und ich auch mal zusammen was essen oder Kaffee trinken gehen können. Das gönnen wir uns jeden Sonntag, es sei denn, jemand ist krank, weil wir das als so irre wichtig empfinden, zu wissen, jeder Sonntagnachmittag ist ein bisschen ‚wie früher‘, für uns als Paar. Klar, muss man sich das auch leisten können, dafür gehen wir selten abends ins Kino. Diese Sonntagnachmittag-Dates sind uns wichtiger als abendliche Dates.“*

***Philipp:** „Ein Clou und unser ‚Retreat‘ vom durchgetakteten Alltag ist: Einmal alle sechs bis acht Wochen schnappt sich einer von uns übers Wochenende die Kinder und düst zu den jeweiligen Großeltern und der andere hat dann von Freitag bis Sonntagnachmittag Zeit für sich. Das* *ist unser mega-mega Deal, den wir, als die Kleine abgestillt war, ins Leben gerufen haben und es funktioniert grandios."*

Alexandra: *„Ja. Das ist so toll. Jeder weiß, dass er immer ungefähr alle drei Monate ein freies Wochenende hat. Das hilft so sehr, wenn es mal wieder stressig wird, oder die Ressourcen aufgebraucht sind. Ich bin von der Idee so begeistert und erzähle es seitdem meinen ganzen Mama-Freundinnen und alle finden es gleichermaßen toll, aber es macht bisher kaum jemand. Und ich verstehe es nicht, weil es wirklich machbar ist. Und wenn man keine Großeltern hat, fährt eben einer weg, besucht die beste Freundin, den Kumpel, whatever und der andere macht Pläne mit den Kids daheim. Es geht einfach um das Wiederauftanken! Es ist unvergleichbar und die Vorfreude auf die Familie danach unermesslich groß."*

Sprechen wir über den Haushalt: Wie teilt ihr euch den auf?

Philipp: *„Es kommt eine Putzfrau, die einmal die Woche die Grundreinigung übernimmt. Ansonsten kümmere ich mich um meine Wäsche und die von dem Großen. Alex macht ihre und die von der Kleinen. Ich bin eher für die Lebensmittel zuständig, dafür ist der Geschirrspüler ihre Aufgabe. Windeln einkaufen usw. machen wir beide."*

Alexandra: *„Ich kaufe die Klamotten für die Kids, er meist die Spielsachen. Geschenke für Geburtstagspartys habe früher ich besorgt, bis mir auch das zu viel wurde, weil ich dann auch noch den Druck hatte, dass es hübsch verpackt ist mit einer tollen Karte und dem ganzen Gedöns. Und irgendwann dachte ich: für wen? Dem jeweiligen Kind sind Karte und Verpackung völlig wurscht und nur, weil ich den Anspruch habe, dass es hübsch auszusehen hat? Irgendwann merkte ich, dass das Quatsch ist, also besorgt die Geschenke jetzt immer der, der Zeit hat. Ich habe tatsächlich lernen müssen, solche Dinge abzugeben. Oder auch das Anziehen der Kinder. Philipp zieht sie genauso wunderbar an wie ich. Nur eben anders. Who cares? Er hat zu Recht oft gesagt: ‚Alex, wenn du willst, dass ich es mache, dann lass es mich* *es auf meine Art machen. Oder mach es eben selbst.' Und damit hat er vollkommen recht."*

Seid ihr beide zufrieden mit eurem Haushaltssystem?
Philipp: *„Eigentlich schon. Man muss auch dazu sagen, das entsteht ja nicht einfach so. Unser System entwickelte sich langsam und mühsam in den letzten sechs Jahren und führte immer wieder zu Diskussionen und auch Streit. Wir haben sehr viel geredet, diskutiert, justiert, immer wieder. Plötzlich sieht man sich dabei zu, wie man sinngemäß so etwas argumentiert wie: ‚Wäsche machen fürs Baby ist anstrengender als für ein Schulkind, weil die Socken des Babys viel zeitaufwendiger zu sortieren sind.' Natürlich ist das absurd. Aber Reden ist wirklich wichtig. Also das Aussprechen von Bedürfnissen."*
Alexandra: *„Ja, es war sehr viel Justieren nötig. Auch weil wir in tradierten Rollenbildern fester verankert waren, als wir beide vielleicht zugeben wollten. Die aufzubrechen ist Arbeit. Und einfach auch: Streit. Das muss man sich nicht schönreden. Philipp sehnt sich manchmal danach, dass es bei vielen Kumpels traditioneller aufgeteilt ist und dadurch ja auch irgendwo einfacher und klarer. Aber ich sage ihm dann immer, dass er sich ja schließlich mich ausgesucht hat. Und er wusste, ich würde das niemals anders machen wollen. Das mag pathetisch klingen, aber ich will meinen Kindern keine Rollenbilder vorleben, in denen die Mutter die Hauptverantwortung für die Familie und das Haus trägt und der Vater größtenteils für die Arbeit und das Geld. Nein! Beide Kids sollen sehen, dass beide Eltern sich den kompletten Familienalltag und Job fifty-fifty aufteilen können. Ich weiß, dass es viele Frauen gibt, die meine Meinung nicht teilen und sich auf den Schlips getreten fühlen. Sie sagen, dass sie reduzieren oder auch ganz ihr Leben der Erziehung und den Kindern widmen. Und sie sagen, dass das ihre freie Entscheidung sei. Ich denke, dass durch die tradierten Rollenbilder ihre Entscheidung nie wirklich ihre eigene, freiwillige war. Am Ende entscheidet jede Frau und Familie selbst, das stimmt. Nur muss ich hier ganz klar dafür plädieren, dass die finanzielle Absicherung der Frau geregelt sein muss.*

Und mit geregelt meine ich nicht: Die Frau ist halt verheiratet und der Mann versorgt sie. Sondern mit eigenen Anlagen, ETF-Sparplänen, privaten Rentenvorsorgen, Immobilien, die auf beide Namen laufen oder was auch immer. Also irgendetwas, was die Frau absichert, und es ihr möglich macht, auch ohne den Mann klarzukommen."
Philipp: *„Man muss auch schon sagen, dass bei fifty-fifty-Modellen Geld eine besondere Rolle spielt. Fifty-fifty ist schon viel leichter, wenn beide ungefähr gleich verdienen. Ist das Lohngefälle sehr groß, geht die Argumentation ‚Wir machen alles fifty-fifty' sehr oft flöten. Es ist nicht toll, dass Geld da immer noch so unfassbar die Rollenbilder diktiert. Weil ja auch die Männer meist die Besserverdiener sind, wird auch dadurch das traditionelle Bild immer weiter tradiert."*

Wie habt ihr denn die Finanzen geregelt?
Philipp: *„Das ist immer noch teilweise eine Baustelle. Wir haben jeder unsere einzelnen Konten, manche Posten gehen von meinem ab, manche von ihrem. Der jeweils andere gleicht das mit Daueraufträgen aus."*
Alexandra: *„Während meiner Elternzeiten hat Philipp meine finanziellen Ausfälle ausgeglichen, indem er mir die Differenz jeden Monat überwiesen hat. Wir sorgen unterschiedlich für das Alter vor. Er hat als Beamter ohnehin eine sehr privilegierte finanzielle Absicherung und Ersparnisse. Ich riestere und habe seit einem halben Jahr zwei ETF-Sparpläne laufen. Für meine Rente und für die Ausbildung der Kids später. Philipp überlegt auch noch, einen ETF-Sparplan anzulegen, aber ihm ist Börse noch zu gruselig. Ich finde es hingegen mega spannend und extrem wichtig, sich da einzulesen. Baustelle ist noch über eine Anwältin eine Art Ehevertrag für Nicht-Verheiratete abzuschließen, der alles regelt, wenn etwas Unvorhergesehenes passiert."*

Seid ihr denn generell happy mit eurem System?
Philipp: *„Manchmal ist es uns zu dogmatisch. Ich beneide wie gesagt Eltern, die es hinkriegen, dass beide einfach alles machen, was so anfällt und keiner in seinen Ruhephasen dabei zu kurz kommt."*

Alexandra: *„Ich denke, irgendjemand kommt dann trotzdem zu kurz – und Statistiken zeigen: Es ist immer noch in den allermeisten Fällen die Mutter. Ich könnte mir vorstellen, dass wir in ein paar Jahren vielleicht beide auf 80 Prozent reduzieren. Aber wirklich beide. Es wird auf gar keinen Fall so sein, dass ich reduziere und Philipp Vollzeit arbeitet. Er verdreht bei so etwas immer ein Stück weit die Augen, aber ich will so ein Modell einfach nicht vorleben. Und ich denke, dass das nur funktioniert, wenn beide ungefähr gleich viel verdienen. Trotzdem ist die Argumentation, die Frau verdient weniger, also reduziert sie automatisch, meiner Meinung nach auch zu einfach gedacht. Denn durch das ständige regelmäßige, jahrelange Reduzieren nimmt sich die Frau die Chance, jemals beruflich voranzukommen und irgendwann eben auch mehr zu verdienen."*

Was macht euch im Alltag am meisten Freude?
Alexandra: *„Dass es klappt. Dass es wirklich klappt, wenn auch nicht immer, wenn es auch quietscht im Motor und manchmal auch ganz schön krächzt. Aber dass das so, wie wir es machen, im Großen und Ganzen klappt – und hoffentlich immer klappen wird. Ich habe neulich einen ganz tollen Spruch dazu gelesen, der ging sinngemäß so: ‚Es ächzt immer im Getriebe, wenn das Leben in den nächsten Gang schaltet.' Das hilft mir oft, wenn es eben nicht so glattläuft, und wir uns wieder wegen Kuchen backen oder Kindersocken in die Haare kriegen."*
Philipp: *„Ja, wir sind stolz auf uns, dass wir es hinkriegen. Dass wir unsere Kinder genießen und uns gleichzeitig beruflich verwirklichen können. Dass wir unseren Kindern, Sohn und Tochter, vorleben, dass man beides haben kann."*

Unser nächstes Paar ist ebenfalls sehr gut organisiert, Hanna und Martin haben auch zwei Kinder. Sie arbeitet selbstständig als Trainerin und Coach für Frauen und Mütter. Er ist fest angestellt als Geschäftsführer und Vertriebsleiter. Beide arbeiten ca. 80 Prozent. Aber das war nicht immer so.

Habt ihr immer so gearbeitet wie jetzt?

Hanna: *„Nein, das war ein Prozess. Vor der Elternzeit mit unserem zweiten Sohn war ich 50 Prozent als Berufsberaterin an einer Schule angestellt und 30 Prozent selbstständig. Nach dem zweiten Kind habe ich beschlossen, in meiner Anstellung in Elternzeit zu bleiben, und währenddessen noch eine Weiterbildung als systemische Beraterin zu machen. Seit dem Ende dieser zweiten Elternzeit arbeite ich ausschließlich selbstständig."*

Martin: *„Als unser erstes Kind geboren wurde, hatte ich einen eher familienunfreundlichen Arbeitgeber in einer männerdominierten Branche, der nicht zustimmte, als ich von 100 auf 80 Prozent reduzieren wollte. Das hat dazu geführt, dass ich gekündigt habe. Ich wollte auf keinen Fall den ganzen Tag im Büro verbringen und die Kindheit meines Sohnes verpassen. Ich habe mir einen neuen Job mit einer 30-Stunden-Woche gesucht, nach zwei Jahren noch mal den Arbeitgeber gewechselt und dort bin ich nun seit Anfang des Jahres Geschäftsführer und Teilhaber. Es ist Firmenpolitik, dass niemand mehr als 30 Stunden arbeitet."*

Wie ist eure Woche aufgeteilt?

Hanna: *„Unser zweiter Sohn wurde gerade in die Kita eingewöhnt, beim ersten Kind hat Martin das gemacht, jetzt war ich dran. Beide Kinder sind jetzt von 9 bis 15 Uhr in der Betreuung und jeder von uns hat zwei lange Arbeitstage. An zwei Tagen holt Martin die Kinder am Nachmittag, ich an drei Tagen, weil ich regelmäßig auch samstags arbeite. Dafür habe ich unter der Woche einen freien Vormittag."*

Martin: *„Ich bringe die Kinder häufiger morgens in die Kita. Und abends bringt gerade jede/r ein Kind ins Bett. Als Hanna noch gestillt hat, war ich nachts für unser erstes Kind zuständig, wobei wir uns in schlechten Nächten mit dem Kleinen auch abgewechselt haben."*

Wie organisiert ihr euch?

Hanna: *„Wir besprechen uns jeden Sonntagabend und machen eine Wochenplanung. Wir gleichen alle Termine im Kalender ab und besprechen eventuelle Engpässe. Auch die Essensplanung für die Woche machen wir am Sonntag gemeinsam – und eine Einkaufsliste. Wir schauen, was neben unseren fest aufgeteilten Aufgabenbereichen noch an extra Aufgaben ansteht und überlegen, wer was macht."*

Martin: *„Diese Essens- und Aufgabenplanung machen wir analog mit Zettel und Bleistift – das funktioniert für uns am besten. Außerdem haben wir einen gemeinsamen Google-Kalender und sehen auch die Termine des jeweils anderen. Wir nutzen Bring! als App für die Einkaufsliste. An unserer Schlafzimmertür hängt immer ein Zettel, auf den schreiben wir, was uns so einfällt, was ‚man' mal machen müsste – Stichwort Mental Load: Wollanzug flicken, Geburtstagsgeschenk für XY besorgen, den Balkon aufräumen, Brille reparieren lassen usw. Das sind Aufgaben, die wir dann auch sonntags verteilen."*

Hanna: *„Das ist alles in allem schon recht aufwendig, aber die gute Planung entlastet uns und wir wollen es so. Keiner von uns fühlt sich überlastet, und wenn doch, klären wir das spätestens am kommenden Sonntag. Ganz selten gerät auch mal ein Termin aus dem Blickfeld, und natürlich missverstehen wir uns mal. Da wir in vielen Bereichen versuchen, zu rotieren, ist es auch schon mal passiert, dass wir beide dachten, der/die andere würde das Kind aus der Kita holen. Aber das ist erst ein Mal passiert!"*

Was ist mit Haushalt und Mental Load?

Martin: *„Ursprünglich hatten wir mal alle Aufgabenbereiche aufgeschrieben und fest verteilt. Also z. B. Wäsche machen, Betten regelmä-*

ßig beziehen, Kita-Orga, Kinderklamotten besorgen/sortieren, diverse Putzaufgaben. Ab und zu besprechen wir, ob wir noch happy mit der Verteilung sind, oder etwas ändern wollen. Zudem sind wir mittlerweile so eingespielt, dass sich vieles von alleine ergibt, weil wir beide ein Auge für anfallende Aufgaben haben und zum Glück beide so gestrickt sind, dass wir sie dann einfach erledigen."

Hanna: *„Ich kümmere mich meistens um die Wäsche und die Kinderklamotten, Martin um das Einkaufen, Bad putzen und Betten beziehen. Kochen tun wir beide. Und den Mental Load teilen wir auch weitestgehend. Der Zettel an der Schlafzimmertür hilft dabei! Wir verteilen Aufgaben immer nach dem Kriterium, wer was besonders gerne macht, und erst im zweiten Schritt geht es darum, dass es etwa fifty-fifty aufgeteilt ist. Worauf wir aber sehr stark achten ist, dass die Betreuungszeit der Kinder über die Woche fifty-fifty aufgeteilt ist."*

Wie habt ihr die Finanzen geregelt?

Martin: *„Da teilen wir auch. Unsere Einkommen gehen auf ein gemeinsames Konto, von dem alle Fix- und Haushaltskosten abgehen. Zudem haben wir beide ein eigenes Konto, auf das wir uns monatlich vom gemeinsamen Konto das gleiche ‚Taschengeld' überweisen. Um unsere Altersvorsorge haben wir uns erst letztes Jahr gekümmert. Wir haben nun beide einen Riestervertrag und wollen uns auch noch um weitere private Vorsorge kümmern."*

Was macht ihr, wenn einer krank wird oder das System sonst wie zusammenbricht?

Hanna: *„Wenn einer oder eine von uns krank ist, ist große Flexibilität gefragt. Dann übernimmt der/die jeweils andere die Kinder und sagt im Zweifel Arbeitsdinge ab. Oder eine oder einer der Großeltern beziehungsweise meine Schwester kann einspringen. Wir haben da ein ganz gutes ‚Dorf' aufgebaut, das uns unterstützt, und wenn jemand krank ist, mit für uns kocht oder ein Kind abholt oder betreut."*

Martin: *„Und wenn die Kinder krank werden, wechseln wir uns mit der Betreuung ab. Mit einem Kind haben wir das tageweise gemacht, unsere Erfahrung mit zwei Kindern – und z. B. auch, als während der Corona-Krise die Kita geschlossen war – hat uns gelehrt, dass wir uns besser in der Mitte des Tages abwechseln, sodass jede oder jeder einen Teil des Tages arbeiten kann, dadurch besser erreichbar ist und auch Energie tanken kann, um danach wieder für die Kinder da zu sein."*

Seid ihr glücklich mit eurem System?

Hanna: *„Ja, total! Wir freuen uns immer wieder darüber, wie viel wir beide beruflich in den letzten Jahren seit der Geburt unseres ersten Kindes erreicht haben. Und das ist nicht auf Karriere im klassischen Sinne bezogen, sondern eher in Bezug auf unsere persönliche Erfüllung. Davon profitieren wir alle, weil wir beide sehr gerne arbeiten und trotzdem viel Zeit mit unseren Kindern verbringen können. Das macht uns glücklich!"*

Und was klappt nicht so optimal?

Hanna: *„Aktuell kommt die Paarzeit etwas zu kurz. Das ist allerdings auch dem Alter unseres kleinen Sohnes geschuldet und dass wir beide gerade viel Zeit in die Arbeit stecken. Das wird sich wieder ändern! Es ist uns sehr wichtig, unsere Beziehung zu pflegen. Wir versuchen, einen Abend pro Woche als Date zu Hause zu verbringen und uns bewusst Zeit füreinander zu nehmen, um zu reden – und damit meinen wir nicht den sonntäglichen Orga-Abend. Und wir haben uns vorgenommen, abends mindestens einmal im Monat wieder auszugehen. Und wenn es nur ein Wein in der Kneipe um die Ecke ist."*

Martin: *„Grundsätzlich haben wir das Gefühl, dass jeder oder jede durch fifty-fifty von allem etwas hat: Care-, Haus-, Erwerbsarbeit und Zeit für sich."*

Bei unserem dritten Vorbild-Paar sind gleich drei Kinder Teil der Familie. Zwei der Kinder von Susanne und Caspar gehen schon in die Schule, eines in den Kindergarten. Sie arbeitet als Bloggerin und Autorin, er ist Informatiker. Und beide arbeiten selbstständig. Trotz der vielen Freiheit, die das mit sich bringt, fällt bei drei Kindern natürlich so viel an, dass beide sagen: Das Kartenhaus steht schon recht wackelig. Aber es funktioniert. Und die beiden sind ein wundervolles Beispiel dafür, dass Humor am Ende immer siegt. Außerdem zeigen sie, dass eine bedürfnisorientierte Erziehung keine Bremse für fifty-fifty ist.

Welche Vorteile hat die Selbstständigkeit für euch?
Caspar: *„Erfreulicherweise kann ich mir als Kunden Firmen aussuchen, die gut zu unserem Familienleben passen. Bei mehreren Kunden ist es kein Problem, ein Kind mit zur Arbeit zu nehmen oder auch kurzfristig Termine zu verschieben, weil irgendwas ist ja immer."*
Susanne: *„Ich versuche ebenfalls, meine Arbeit so familienfreundlich wie möglich zu machen. Das war auch der Grund, warum ich mich ursprünglich gegen eine Anstellung entschieden hatte. Natürlich ist Selbstständigkeit nicht per se familienfreundlicher und ich denke nicht selten daran, dass es auch schön wäre, einen Job mit festen Arbeitszeiten zu haben, bei dem ich nachmittags und am Wochenende immer ganz nur bei der Familie wäre. Aber insgesamt ist es für unsere Familie so sehr stimmig, weil die Arbeitszeiten flexibel sind unter der Woche und auch am Wochenende."*

Wie sind eure Kinder betreut?
Caspar: *„Wir sind bei allen drei Kindern unterschiedliche Betreuungswege gegangen, die jeweils zu dem einzelnen Kind passten. Jedes wurde beispielsweise in einem anderen Alter im Kindergarten eingewöhnt – eben dann, wenn für dieses Kind der richtige Zeitpunkt war. Unsere großen Kinder gehen nun in eine verlässliche Halbtagsgrundschule,*

dazu haben sie nachmittags ein bis zwei Hobbys, denen sie schon seit Jahren nachgehen. Teilweise sind sie fußläufig zu erreichen, sodass sie dort allein hingehen. Unser kleinstes Kind geht noch in den Kindergarten. Insgesamt sind sowohl die Kinder als auch wir aktuell zufrieden damit."

Wie habt ihr eure Woche aufgeteilt?
Caspar: *„Nachdem durch Corona die Schulen im März 2020 geschlossen wurden, haben wir unseren Alltag umstrukturiert: Ich habe vorher bei einigen Kunden regelmäßig vor Ort gearbeitet und Susanne hat Workshops und Kurse gegeben. Dabei haben wir darauf geachtet, dass Bring- und Abholrituale der Kinder zwischen uns möglichst gleich verteilt waren. Ab März waren dann alle drei Kinder für sechs Monate zu Hause mit Homelearning und eben Kitaspielersatz. Da haben wir neu planen müssen im Notfallmodus und ich habe drei Care-Arbeitstage übernommen (Mittwoch, Samstag, Sonntag) und Susanne die restlichen vier. Für diese Zeit hatten wir keine richtigen Wochenenden, konnten so aber unserer Arbeit weiter recht gleich nachgehen. Nun sind Schulen und Kitas wieder geöffnet und wir arbeiten beide noch viel im Homeoffice, pendeln uns aber wieder auf unser altes Modell ein."*
Susanne: *„Die Nächte teilen wir nach Bedarf der Kinder auf. Meistens kümmert sich Caspar um das Zubettbringen und die Einschlafbegleitung unseres ältesten Kindes und ich um die Kleineren. Werden sie nachts wach (was nicht mehr so häufig vorkommt), reagieren wir auf ihren Bedarf."*

Wie organisiert ihr euch?
Caspar: *„Ich plane gern möglichst voraus und trage mir viel in den Kalender ein. Susanne ist eher spontan und hat mir gerade mitgeteilt, dass sie meinen Kalender nicht abonniert hat, weil da immer so viel drinsteht. Wir sind da unterschiedlich. Daher finden wir einen Kompromiss, sodass wir beide nur halb (un)zufrieden sind."*

Susanne: *„Ich plane in meinem Kalender ‚Ein guter Plan Family' voraus. Ich notiere Sachen lieber auf Papier, hake da ab, streiche durch und schreibe neu. Aber wegen der vielen Auswärtstermine für Lesungen und Workshops mache ich immer Pläne und das auch ein halbes Jahr im Voraus."*
Caspar: *„Wir haben auch noch je einen Google-Kalender. Und ich verwende ein nicht instagrammiges, aber sehr hilfreiches Bullet-Journal. Zum Einkaufen benutze ich die Bring!-App, in die Susanne auch Sachen eintragen kann. Zur Essensplanung bereiten wir wöchentlich einen Meal-Planer vor. Ich muss aber sagen: Die Organisation ist zeitaufwendig und das nervt."*
Susanne: *„Es gehen gelegentlich auch Termine verloren, es ist schon passiert, dass die Schule anruft und fragt, wo denn die Eltern zum Elterngespräch bleiben, für das sie sich selbst den Termin ausgesucht haben. Das ist dann ein bisschen peinlich, andererseits: So schlimm ist das ja auch nicht. Improvisieren gehört dazu. Beispielsweise haben wir eine Geschenkekiste, in der immer Notfallgeschenke liegen, falls wir wieder einen (Kinder-)Geburtstag vergessen haben."*

Was ist mit Paar-Zeit, wann bekommt ihr die unter?
Caspar: *„Jeden Abend 23.00 bis 24.00 Uhr. Wir gucken Serien, essen gefrorenes Obst und sprechen über dies und das, bis wir todmüde ins Bett fallen. Es ist schön, weil dieser Termin feststeht und der Kontakt nicht abreißt – auch in stressigen Zeiten. Ansonsten gibt es die Tage, an denen wir beide von zu Hause arbeiten. Wir genießen das, weil wir dann gemeinsam Kaffee trinken, Mittag essen und tratschen – wie KollegInnen und PartnerInnen zugleich."*

Sprechen wir über den Haushalt: Wie teilt ihr euch den auf?
Caspar: *„Ich mache jeden Morgen das Frühstück, kümmere mich meistens um das Geschirr, habe den Müll im Auge und mache die größeren Einkäufe. Susanne kauft gerne unter der Woche öfters und in kleineren Mengen ein. Ich versuche, viel Essen vorzukochen. Susanne räumt*

jeden Morgen auf, auch weil sie hauptsächlich von zu Hause arbeitet und dafür eine angenehme Atmosphäre braucht. Die Abendessen macht die Person, die gerade mit den Kindern zu Hause ist."
Susanne: *„Kleidung besorgen, aussortieren, verflohmarkten, das mache auch ich, ebenso fast alle handwerklichen Tätigkeiten bei uns wie Renovieren, Möbel ausbessern etc."*

Was ist mit Mental Load, also das ganze Organisatorische?
Caspar: *„Ich habe das Gefühl, dass sich das mehr in meine Richtung verschiebt, weil mich Organisation nicht so sehr stresst wie Susanne. Ich mache Einkaufslisten, übernehme die meisten Zahnarzttermine, versuche, die Urlaubsplanung zu fixieren und bin gerade mit einem Kindergeburtstag beschäftigt. Susanne besorgt Kindersachen und übernimmt ebenso Arzttermine."*
Susanne: *„Wir sind beide sehr unterschiedlich in unserer Art. Ich bin eher etwas chaotisch und lebe ziemlich in den Tag hinein – das war schon immer so. Das hat im Alltag mit den Kindern Vorteile, weil wir dann spontan manchmal Sachen machen, aber ich kann einfach nicht besonders gut organisieren. Meine Aufgabe ist eher, Feenstaub zu verbreiten."*

Seid ihr beide zufrieden mit eurem Haushaltssystem?
Caspar: *„Noch nicht – die Kinder sollen in Zukunft mehr helfen."*
Susanne: *„Na ja, es ist okay, aber mit Luft nach oben. Ich habe jeden Tag eine feste Zeit an Minuten für das Aufräumen eingetaktet und was darüber hinausgeht, bleibt liegen. Mein Ziel wäre, mit noch mehr Alltagsstruktur dafür zu sorgen, dass es noch weniger gibt, was getan werden muss, obwohl wir da schon sehr reduziert haben."*

Wie habt ihr die Finanzen geregelt?
Caspar: *„Da wir sehr unterschiedlich mit Geld umgehen, haben wir getrennte Konten und gleichen Summen aus (sowohl automatisch monatlich als auch auf Zuruf bei größeren Anschaffungen). Wir machen*

zu wenig bis nichts in Richtung Altersvorsorge, haben aber ein kleines Haus auf dem Land, das uns je zu 50 Prozent gehört und werden dort später von Salzstangen und Äpfeln leben."

Man unterstellt dem „Attachment Parenting" (der bedürfnisorientierten Erziehung) oft, dass damit insbesondere die Mutter in der Pflicht ist. Bei euch ist das aber gar nicht so, oder?
Susanne: *„Nein. Das Einzige, was uns wirklich unterscheidet, ist das Stillen. Ansonsten haben wir beide getragen, Kinder zusammen in unserem Bett schlafen lassen, sie beide versorgt. Die Kinder wurden von beiden gewickelt. Unterschiedlich ist es vielleicht nachts gewesen, wenn gestillt wurde. Und beim zweiten Kind war ich anfangs mehr zu Hause."*

Findet ihr euer System gerecht, seid ihr glücklich damit?
Caspar: *„Es ist stressig, aber wir haben beide das Gefühl, uns gegenseitig zu unterstützen."*
Susanne: *„Ja, es ist nicht immer einfach, aber die beste Möglichkeit für uns."*

Was würdet ihr euch anders wünschen?
Caspar: *„Eigentlich wäre es schön, wenn der Tag 28 Stunden hätte und wir abends mehr Zeit ohne Arbeit hätten. Andererseits machen wir, was wir gern machen."*
Susanne: *„Schön wäre es auch, mehr Unterstützung zu haben von Familie, das gibt es aber bei uns nicht. Unser System funktioniert gut, wenn keiner von uns beiden krank wird. Ansonsten aber haben wir immer Engpässe."*

Und was klappt aber eigentlich ziemlich gut?
Susanne: *„Wir lachen viel. Auch wenn etwas nicht klappt, schafft Caspar es immer, mich dabei zum Lachen zu bringen. Wir haben einen Humor für unser Alltagschaos entwickelt und das ist wirklich schön."*

AUCH NACH DER TRENNUNG GLEICHBERECHTIGT LEBEN

In Deutschland waren 2019 etwa 16 Prozent aller Familien „Nachtrennungsfamilien", also Familien, bei denen sich Papa und Mama getrennt haben. Gründe für eine Trennung sind vielfältig und um das Warum soll es hier auch nicht gehen.

Im Idealfall hat man sich schon vor der Trennung hälftig um die Kinder und den Haushalt gekümmert. Wie kann man das nach einer Trennung und nach dem Auszug des Partners oder der Partnerin auch weiterleben? Es bedarf vor allem (noch) mehr Absprachen als vorher. Und solltet ihr vorher kein fifty-fifty gelebt haben, liegt in der Trennung manchmal sogar die Chance darauf.

We are family – trotz Trennung

Eine Trennung bedeutet für die Familie erst einmal den Super-GAU (aber vielleicht auch die Erlösung). Das Konstrukt, für das sich beide Elternteile irgendwann mal entschieden haben, zerfällt – und muss in mühevoller Arbeit wieder aufgebaut werden, allerdings in einer anderen Form. Eine Trennung ist also auch ein Prozess, sie erfordert, dass neue Wege ausprobiert werden, neue Regeln, neue Absprachen. Denn ein wirkliches Auseinandergehen gibt es, wenn Kinder da sind, eigentlich nicht. Als Marie und der Vater ihres ersten Kindes sich trennten, dachte Marie noch: „Ach, jetzt sind wir getrennt, also gibt es endlich keinen Streit und keine Probleme mehr, ein neues Leben kann beginnen." Das stimmte einerseits – und andererseits auch überhaupt nicht. Hier kommt nämlich die gute (oder schlechte) Nachricht: Auch wenn ihr euch trennt, bleibt ihr eine Familie.

Über die Kinder verbunden

Eure Kinder wollen und lieben euch beide. Ihr seid über die Kinder miteinander verbunden. Und ihr müsst beide in den nächsten Jahren immer wieder neue Absprachen und Umgangslösungen finden. Ihr werdet einander nicht los. Vielleicht ist das erst einmal eine harte Nachricht. Gerade, wenn man hochstrittig auseinandergegangen ist. Aber wenn man diesen Fakt schließlich akzeptiert hat, kann man Grenzen ziehen und Möglichkeiten schaffen, sich trotz Trennung gemeinsam um die Kinder zu sorgen. Denn das geht.

Wie war es vor der Trennung?

Nun stellt sich natürlich die Frage, wie es vor der Trennung so lief. Im Idealfall habt ihr euch gleichberechtigt um die Kinder gekümmert, dann dürfte es für das Danach nicht so viele Hürden geben. Ihr seid zwar kein Paar mehr, aber immer noch gleichberechtigte Eltern. Leider ist es aber oft so, dass vor der Trennung der Hauptbetreuungsanteil und auch der Löwenanteil der Hausarbeit bei der Mutter lag. Wir beobachten oft, dass es gerade diese Beziehungen sind, die häufiger scheitern. Weil sich die Eltern fremd werden, die Frau keine Kraft oder Lust mehr hat, den Mental Load und die Kids alleine zu wuppen. Und dann trennen sich Paare und schwups – was vorher unmöglich schien, klappt ja auf einmal doch! Der Vater, der vor der Trennung auf keinen Fall mehr im Haushalt machen oder früher nach Hause kommen konnte, nimmt die Kinder plötzlich hälftig. Das ist für viele Mütter ein Schock.

Allerdings liegt hier auch eine Chance: Wenn sie es auch will und die Kinder gut mit dem Modell klarkommen, hat Mama vielleicht wieder etwas mehr Zeit für sich, für ihre Arbeit, für ihre Freunde. Manchmal ist es aber auch besonders schwierig. Wenn das sogenannte „Wechselmodell" – also die hälftige Betreuung – gegen den Willen der Mütter oder Kinder durchgesetzt wird, kann dies eine große emotionale Belastung für alle sein.

Als Paar getrennt und doch ein Team

Damit es gar nicht erst zu einer solchen Trennung aufgrund mangelnden väterlichen Engagements in den Bereichen Kinderbetreuung und Haushaltsarbeit kommt, haben wir unter anderem dieses Buch geschrieben. Allerdings haben auch wir kein Zaubermittel und, wie schon geschrieben, sind Trennungsgründe meistens vielschichtig. Wenn es zur Trennung kommt, warum auch immer, gibt es aber auf jeden Fall Wege, um als Elternpaar weiterhin oder erst recht gleichberechtigt die Fürsorge zu übernehmen. Wobei das in diesem Fall nicht unbedingt die genau hälftige Aufteilung des Umgangs bedeuten muss. Es gibt viele verschiedene Betreuungsmodelle, und auch wenn ein Kind sich rechnerisch etwas mehr bei einem der Elternteile aufhält, kann die Fürsorge gleichberechtigt sein. Aber zum Umgang kommen wir noch.

Die ersten Schritte: klare Absprachen und ein verbindlicher Plan

So schwer es auch ist, nach einer Trennung einen klaren Kopf zu behalten, so wichtig ist es – für euch und eure Kinder! Denn auf den Bedürfnissen der Kinder sollte erst mal der Fokus liegen.

Während der Trennung

Die Entscheidung ist gefallen. Ihr trennt euch. Einer hat vielleicht schon unter Tränen und mit Entschlossenheit die Koffer gepackt. So sehr ihr vielleicht auch keine Lust darauf habt: Es ist enorm wichtig, sich möglichst früh über Absprachen und (vorläufige) Betreuungspläne zu unterhalten. Wenn ihr gegenwärtig keine Entscheidungen für die nächsten Monate treffen wollt, dann tut es für die nächsten zwei Wochen. Außerdem steht natürlich das Gespräch mit dem Kind oder den Kindern an, das auf keinen Fall zwischen Tür und Angel stattfinden sollte. Nehmt euch Zeit. Schaut, wie und was ihr kommuniziert, je nach Alter eures Kindes oder eurer Kinder. Trefft vorher untereinander klare Absprachen, wie es in den nächsten Wochen laufen wird, und teilt diese euren Kindern mit. So emotional und schwer zu verkraften die Situation ist, klare Absprachen und feste Pläne geben allen Halt – auch euch.

Das Trennungsgespräch mit dem Kind

Bei einer Bekannten fand das Trennungsgespräch erst mit dem größeren Kind statt, in einem ruhigen Moment, als das kleinere Geschwisterkind noch in der Kita war. So konnten sie und ihr Partner alle Fragen beantworten, die das große Kind hatte, ohne jüngere Geschwister, die noch nicht so viel verstehen können, offensichtlich außen vor zu lassen. Mit einem größeren Kind könntet ihr im nächsten Schritt – aber bloß nicht gleich mit der Tür ins Haus fallen –

dann auch besprechen, wie es sich das Pendeln vorstellen könnte. Denn bei Kindern ab circa fünf oder sechs Jahren sollte man den Willen des Kindes mit einbeziehen. Stellt die Trennungsentscheidung als eure gemeinsame Entscheidung dar und gebt nicht dem Partner oder der Partnerin die Schuld. Es ist wahnsinnig wichtig, Loyalitätskonflikte für das Kind zu vermeiden!

Für den Fall, dass ihr euch im Einvernehmen und ohne zu viel Missmut getrennt habt, und ihr vorher auch schon fifty-fifty praktiziert habt, bekommt ihr es vielleicht anfänglich auch ohne klare Vereinbarungen hin. Meist kommen schwierige Gefühle, die Abläufe verkomplizieren können, aber spätestens dann, wenn der eine oder die andere einen neuen Partner hat. Am besten nutzt ihr also schnell die gute und einvernehmliche Stimmung, um verbindliche Absprachen zu treffen.

Ihr braucht einen Plan!

Besonders wenn die Trennung schwer und konfliktbelastet ist, braucht ihr einen Plan, auch wenn das Gespräch und die Diskussionen drum herum unangenehm sind. Wir haben schon so viele Trennungspaare in dieser Phase erlebt, in der keiner wusste (das ist ja auch durchaus normal), wie es weitergeht. Auch die Kinder wussten es nicht, und das verunsichert sie nur unnötig.

Der Partner oder die Partnerin ist also ausgezogen. Morgen sind die Kinder bei ihm, aber wie lange eigentlich? Keine Ahnung ... Kinder brauchen Verlässlichkeit und Struktur, gerade in Zeiten wie diesen. Setzt euch zusammen, euren Kindern zuliebe. Und es kann sehr sinnvoll sein, sich professionelle Hilfe zu suchen, um eine gute, längerfristige Lösung für euch und eure Kinder zu finden. Denn eine neutrale Person hat einen besseren Blick auf die Situation und oft auch auf die Kinder.

ALLTAGSTIPP: LASST EUCH BERATEN

Kostenlose Paarberatung und Erziehungsberatung, vor allem für den Fall einer Trennung, gibt es zum Beispiel in der Erziehungsberatungsstelle eures Jugendamts. Oft sitzen dort wirklich fähige SozialpädagogInnen, die viel Erfahrung mit Eltern in Trennungsphasen haben. Sie können euch dabei unterstützen, eine gute, temporäre (Umgangs-)Lösung zu finden. Auch wenn es zwischen euch wenige Konflikte gibt, ist eine Trennungssituation neu und für die gesamte Familie eine Herausforderung. Mit professioneller und erfahrener Hilfe kann Konflikten vorgebeugt oder bei schon bestehenden vermittelt werden.

Keine Sorge vor ungewollten Eingriffen in euer Familienleben! Bei der Erziehungsberatungsstelle handelt es sich nicht um das Jugendamt (und sie berichtet auch nicht an dieses). Ihr könnt euch dort auch nach „Die Kinder im Blick"-Kursen erkundigen, die sich an Eltern in Trennung richten. Beide Elternteile nehmen dabei parallel an dem zweigeteilten Kurs teil. Wir kennen viele, die damit sehr gute Erfahrungen gemacht haben!

Die Umgangsvereinbarung

Klare Absprachen schwarz auf weiß können gut mit einem oder einer MediatorIn getroffen werden. Im Gespräch mit einem solchen Experten oder einer solchen Expertin könnt ihr zum Beispiel auch die Umgangsvereinbarung anfertigen lassen und beide unterschreiben. Eine Umgangsvereinbarung legt fest, wer, wann das Kind wo betreut, wer es zu wichtigen Terminen bringt, wo die Feiertage verbracht werden, wie der Geburtstag des Kindes gefeiert wird. Nun mögt ihr sagen, so etwas Spießiges brauchen wir nicht, wir bekommen das doch auch so hin. Und wir antworten: Keiner kann am Anfang der Trennung beurteilen, wie sich alles noch entwickeln wird.

Und: Ihr werdet früher oder später all diese Entscheidungen ohnehin treffen müssen. Nur dann eben am Telefon, zwischendurch oder spontan, wo es schnell zu Missverständnissen oder Ungerechtigkeitsgefühlen kommen kann und vieles nicht mitbedacht wird, das im Gespräch mit einer dritten Person gleich zur Sprache kommt und gelöst wird. Wenn ihr diese Dinge vorher, mit den besten Absichten und einer neutralen Person zusammen entscheidet, stellt ihr die Weichen für ein gutes Miteinander auf Augenhöhe.

Das Gute an einer Umgangsvereinbarung: Es gibt einen verbindlichen Plan – und wenn einer davon abweichen möchte, dann muss es im gegenseitigen Einverständnis passieren. Welche Punkte ihr genau bei der Umgangsvereinbarung beachten solltet, dazu findet ihr am Ende dieses Kapitels Tipps.

Getrennt gemeinsam erziehen – welches Umgangsmodell passt zu uns?

Nach einer Trennung ist alles neu. So schmerzhaft es sein mag, eine Bekannte pflegt Hermann Hesse zu zitieren: „Jedem Anfang wohnt ein Zauber inne." Das kommt einem mit gebrochenem Herzen vielleicht zunächst zynisch vor. Aber eine Trennung mit Kindern kann, wenn beide es wollen, auch ein Neuanfang für etwas Gutes sein, vielleicht sogar etwas, das eben besser funktioniert. Weil es klare Grenzen gibt, klare Zuständigkeitsbereiche und ein klares Umgangsmodell. Habt ihr entschieden, dass ihr (weiterhin) gleichberechtigt erziehen wollt? Dann müssen auch die Verantwortung und die Pflichten hälftig verteilt werden. Ihr solltet euch auch, so möglich, auf Erziehungsgrundsätze einigen. So macht ihr den Wechsel für die Kinder erträglicher und verlangt ihnen weniger Anpassungsleistungen ab. Wie sieht es mit dem Medienkonsum aus? Wann geht das Kind schlafen? Geht es schon aufs Töpfchen? Nimmt es noch den Schnuller? Über all diese Dinge und Entwicklungsschritte solltet ihr euch regelmäßig unterhalten und einen gemeinsamen Weg finden.

ALLTAGSTIPP: ÜBERGANGSMODELLE

Für einen sanfteren Übergang in die neue Situation praktizieren manche Eltern das sogenannte Nestmodell oder die Eltern-WG.

Beim **Nestmodell** können die Kinder in der gemeinsamen Wohnung bleiben, und Mama und Papa wohnen dort abwechselnd. Diese Lösung ist sehr kostenintensiv, da sowohl Mama als auch Papa eine weitere Wohnung brauchen (oder bei Bekannten unterkommen müssen). Für eine Übergangsphase kann das Modell aber helfen, die Kinder Stück für Stück an die neue Lebenssituation zu gewöhnen, ohne dass diese umziehen müssen.

Bei der **Eltern-WG** bleiben beide Eltern in der Wohnung, schlafen aber in getrennten Zimmern und kümmern sich gemeinsam um die Kinder. Das setzt natürlich voraus, dass die Wohnung groß genug ist und beide Eltern auch noch gut miteinander klarkommen.

Beide dieser Modelle werden jedoch meist nur temporär praktiziert. Irgendwann wird mindestens ein Elternteil ausziehen wollen oder einen neuen Partner beziehungsweise eine Partnerin gefunden haben, was die Umsetzung ebenfalls erschwert.

Unterschiedliche Familien – unterschiedliche Betreuungsmodelle

Langfristig gesehen kommt man um eine Umgangslösung nicht herum – aber diese steht immer unter Vorbehalt. Ihr solltet den Umgangsplan alle paar Monate besprechen und schauen, wie es den Kids geht – und auch euch. Umgangsmodelle gibt es so viele, wie es Familien gibt. Es gibt nicht die eine, beste Lösung, sondern unterschiedliche Familien, eine Reihe von Lebensumständen und Situationen, denen Rechnung getragen werden muss. Außerdem, und das ist der wichtigste Faktor, müssen beide Eltern darauf schauen, dass ihre Variante den Bedürfnissen des Kindes entspricht.

Residenzmodell oder Wechselmodell?

Zwei Beispielmodelle haben wir hier aufgelistet:

Das Residenzmodell: Hier leben die Kinder hauptsächlich bei einem Elternteil. Den anderen Elternteil sehen sie unter der Woche nachmittags oder/und jedes zweite Wochenende. Der Nachteil dieses Modells ist, dass Kinder verhältnismäßig wenig Zeit mit dem anderen Elternteil verbringen. Der Vorteil ist, dass die Kinder ein stabileres Zuhause haben und nicht oder nur sehr wenig pendeln müssen.

Das Wechselmodell: Voraussetzung für diese Variante ist, dass beide Elternteile nicht weit voneinander entfernt wohnen und die Kinder im Idealfall auch vor der Trennung schon gleichberechtigt betreut haben. Außerdem müssen die Erziehungsgrundsätze wenigstens ähnlich sein, und beide sollten in der Lage sein, viele konkrete Absprachen zu machen und einzuhalten, sowie sich gegenseitig zu vertrauen. Das Wechselmodell muss nicht heißen, dass die Zeiten genau hälftig aufgeteilt sind. Auch ein 60/40-Modell ist ein Wechselmodell. Für den Betreuungsumfang gibt es viele verschiedene Wechselmöglichkeiten. Manche schwören auf den wöchentlichen Wechsel, weil dieser relativ lange Phasen bei einem Elternteil bedeutet und logistisch einfacher zu handhaben ist. Gleichzeitig ist ein Zeitraum von einer Woche gerade für kleinere Kinder noch recht lang, deshalb haben manche Eltern das System: 2 Tage – 2 Tage – 5 Tage – 5 Tage, so werden die Wochen insgesamt gleichmäßig aufgeteilt und jeder hat mal ein Wochenende mit dem Kind und eines für sich. Sollte das Verhältnis entspannt sein, kann man natürlich noch ganz andere, individuelle Lösungen finden.

Bei der Wahl eures Modells solltet ihr an Folgendes denken:

- Wie war die Betreuungssituation vor der Trennung? Kontinuität ist wichtig für Kinder. Schaut also, dass sich betreuungstechnisch nicht so viel ändert.
- Wie passen die Arbeitszeiten zu den Modellen? Beachtet, wer wann wo und wie lange arbeiten muss. Und seid ehrlich. Auch, wenn ihr das Kind gerne länger hättet, aber an Tag X oft bis in den Abend arbeiten müsst, und dann einen Babysitter bestellen müsstet, bleibt das Kind vielleicht doch lieber an diesem Tag noch beim Partner/der Partnerin.
- Wie alt ist euer Kind, sind eure Kinder? Ein starres Wechselmodell, bei dem die Kinder jede zweite Woche umziehen, mag für ältere Kinder funktionieren, kann aber für unter Dreijährige sehr belastend sein. Auch hier gilt: Kinder sind unterschiedlich. Der eine Fünfjährige kommt mit einem wöchentlichen Wechsel gut klar, andere haben große Probleme damit.
- Ältere Kinder (ab circa fünf bis sechs Jahren) kann man (und sollte man!) in die Entscheidung einbeziehen.

ALLTAGSTIPP: WAS IHR BEIM THEMA FINANZEN BEACHTEN SOLLTET

Wenn ihr einvernehmlich ein Modell gewählt und euch für gleichberechtigte Erziehung entschieden habt, müsst ihr auch über die Finanzen sprechen. Vielleicht macht es Sinn, ein Konto für das Kind einzurichten, von dem aus alle Kosten abgedeckt werden (Kita, Kleidung, Schulbücher etc.)? Unterhaltszahlungen für das Kind finden im Wechselmodell nur statt, wenn ein Partner wesentlich weniger verdient als der andere. Das Kindergeld wird aber trotzdem nur an einen Elternteil überwiesen. Auch da müsst ihr euch einig werden.

Das Kind im Blick – die Verantwortung geteilt

Bei all dem Schmerz, bei all der Verwirrung in der neuen Situation redet man sich manchmal ein: Na klar geht es nur um das Kind! Im Nachhinein stellt man jedoch vielleicht fest, dass das zu kurz gegriffen war. Verletzte Gefühle, eine Situation, die einem enorm viel Kraft abverlangt – all das trägt dazu bei, dass man eben nicht immer die Bedürfnisse des Kindes im Blick hat. Das ist nicht schlimm. Aber man sollte sein Bestes versuchen und immer wieder die Perspektive des Kindes einnehmen. Dessen Schutz hat Priorität.

Wichtig für das Kind:

- Kinder dürfen Kinder bleiben, sie werden nicht zur Freundin/Freund, mit der oder dem man über den Expartner spricht. Achtet darauf, dass Kinder nicht zum Ansprechpartner während der Trennung werden – lasst sie Kinder sein. Sprecht über diese Themen besser mit euren Freunden oder Freundinnen.
- Kinder müssen sich nicht entscheiden. Sie sind die Kinder beider Eltern, die sie lieben. Vater und Mutter sind beide ein Teil ihrer selbst. Sie müssten sich also quasi gegen sich selbst entscheiden, und das ist furchtbar für sie.
- Ab einem gewissen Alter haben Kinder ein Mitspracherecht, was den Umgang angeht. Oder wenigstens, wie sie den Umgang gestalten. Lasst die Kinder dort, wo es möglich ist, mitsprechen (zum Beispiel: Bleibt das blaue Kinderbett bei Papa in der Wohnung und bei Mama gibt es ein neues?). Hier solltet ihr besonders sensibel sein: Überfordert sie nicht mit Entscheidungen.

Euer Kind „gehört" euch nicht

Das Kind ist kein Trennungsgegenstand, der nach der Trennung einem der Elternteile zugeschrieben wird. Es ist ein eigenständiger Mensch. Wenn ihr nach der Trennung wirklich gleichberechtigt erziehen wollt, ist es wichtig, das zu erkennen. Das Kind „gehört“ nicht nur zur Mama oder zum Papa. Ihr seid beide in gleichem Maße verantwortlich – und beide gleichermaßen wichtig für das Kind.

ALLTAGSTIPP: TEILT DEN MENTAL LOAD

Auch wenn ihr die Betreuungszeit nicht genau hälftig aufteilt, könnt ihr paritätisch erziehen. Teilt die Verantwortungsbereiche gerecht auf: Du kümmerst dich um den Sportkurs am Dienstag, ich mache die Arzttermine. So kommen auch Mütter aus der Falle raus, nach der Trennung alles organisieren zu müssen. Übertragt gewisse Aufgaben an den Vater, aber es ist natürlich noch besser, wenn ihr die Verantwortung und den Mental Load hälftig aufteilt.

Der Expartner

Auch wenn beziehungstechnisch Schluss ist, ihr bleibt immer die Eltern eures Kindes. Schaut also, dass ihr gut miteinander umgeht – das merkt auch euer Kind. Wie ein guter Umgang miteinander gelingt und welche Mittel dabei helfen, erfahrt ihr hier.

Gegenseitiger Respekt

Ihr könnt den Partner oder die Partnerin oder seine Erziehungsweise nicht verändern. Respektiert ihn oder sie trotzdem. Vielleicht war ein Trennungsgrund, dass er oder sie viele Dinge einfach anders sah – auch, was die Erziehung der Kinder angeht. Vielleicht habt ihr euch über den Medienkonsum gestritten, vielleicht lief der Fernseher zu oft, es gab zu oft Süßigkeiten oder es ging um den Schnuller, das „Durchschlafen“ oder, oder, oder.

Wir würden jetzt gerne sagen: Findet einen Mittelweg bei erzieherischen Entscheidungen. Findet einen Konsens. Es ist so wichtig, dass gemeinsame Entscheidungen getroffen werden, gerade, wenn ihr die Kinder hälftig betreut. Aber: Worüber ihr euch vor der Trennung nicht einig geworden seid, darüber werdet ihr euch höchstwahrscheinlich jetzt auch nicht einig. Nur könnt ihr jetzt noch weniger beeinflussen, was der Partner oder die Partnerin macht, weil ihr ja nicht mehr im selben Haushalt wohnt.

Loslassen lernen

Für den eigenen Seelenfrieden, für ein gutes Miteinander, lernt ihr am besten, loszulassen. Gerade für manche Mütter (aber auch Väter!) wird das nicht einfach sein. Ihr werdet euren Expartner nicht ändern können. Aber ihr habt gemeinsame Kinder und ihr habt euch für gemeinsames Erziehen entschieden oder entscheiden müssen. Ihr müsst also akzeptieren, dass der Partner oder die Partnerin in ihrem/seinem Haushalt machen kann, was er und sie für richtig hält, und ihr habt keinerlei Rechte, dort einzugreifen. Das zu erkennen ist hart. Aber das ist die neue Situation.

Natürlich kann man das Gespräch suchen und sollte das auch immer, aber es hilft, sich ein Stück weit von der Vorstellung zu verabschieden, dass ihr eingreifen könnt. Denn das könnt ihr nicht, es sei denn, es steht der Verdacht von Misshandlungen, Vernachlässigung oder Missbrauch im Raum. Es ist eine ziemlich fordernde Übung in Disziplin, aber es wird euch helfen, einen guten Umgang mit eurem Ex oder eurer Ex zu finden. Respektiert ihn/sie trotzdem, auch wenn es euch manchmal so wahnsinnig nervt, dass euer Kind mit sechs Jahren schon wieder bis spät in die Nacht Filme gesehen hat, die eigentlich für Zwölfjährige sind.

Um Uneinigkeiten und Emotionen weitestgehend aus der Elternbeziehung herauszuhalten, bietet sich eine Umgangsregelung an. Wie gesagt: Holt euch dabei am besten Hilfe.

Die Mediatorin und Buch-Autorin Dr. Isabell Lütkehaus hat folgende konkrete Tipps für euch.

Expertinnenrat: Die Umgangsvereinbarung
Voraussetzung für die Umgangsvereinbarung ist der Grundsatz, dass Verantwortung und Betreuung gleichberechtigt verteilt sind.

Dabei werden folgende Punkte geklärt:

- *Dauer (Faustformel für das Wechselmodell: pro Lebensjahr einen Tag beim jeweiligen Elternteil)*
- *ein fester Wechseltag (oder monatliche Termine festlegen)*
- *Übergabe (wann, wie?)*
- *Zwischendurch-Kontakte mit dem anderen Elternteil*
- *Gegebenenfalls: inhaltliche Zuständigkeiten (z.B. Sport, Musik, medizinische Betreuung)*
- *Erziehungsgrundsätze versuchen anzupassen (z.B. Schlafenszeiten, Medienkonsum, Ernährung)*

Tipp: *Online-Elternkalender (für Umgangszeiten, Arzttermine, Veranstaltungen Kita/Schule)*

Für die Durchführung des Umgangs empfiehlt sich Folgendes:

- *Übergabe: Persönlich oder über Kita/Schule/Hort bzw. Dritte (z.B. Großeltern)?*
- *Was wird dem Kind mitgegeben? Was wird abends vorbeigebracht? Was gibt es doppelt?*
- *Bei persönlicher Übergabe: Fokus aufs Kind, keine Diskussionen*

- *Erziehungsfragen: zentrale Punkte abstimmen, ansonsten Vertrauen/Toleranz üben*
- *Kommunikation: persönlich/telefonisch, wenn schwierig, dann über SMS/WhatsApp/Mail, sachlich und nur zu kindbezogenen Themen*

Tipp: *Ein Umgangstagebuch zur Übermittlung wichtiger Informationen, Termine etc. wandert mit dem Kind mit (im Kita-Rucksack bzw. Schulranzen)*

DIE ELTERN-CHECKLISTEN

Wie tief sind Rollenvorstellungen in meinem Kopf verankert? Bin ich wirklich ein so moderner Papa, wie ich denke? Und mache ich tatsächlich so viel mehr im Haushalt und für den Familienfrieden, wie es sich anfühlt? Wir haben drei Listen angefertigt, die euch bei der Orientierung helfen sollen.

Checkliste Familienaufgaben

Die folgende Liste hilft euch, einen Überblick zu bekommen, welche Aufgaben im Haushalt anfallen. Ihr könnt nicht nur eintragen, wer sie erledigt hat, sondern euch nach dem vorgeschlagenen Punktesystem „ausrechnen", ob ihr in etwa gleich viel Arbeit übernommen habt. Natürlich könnt ihr die Liste euren eigenen Anforderungen entsprechend verändern.

Aufgaben	täglich	2x pro Woche	1x pro Woche	alle 2 Wochen	Viertel-jährlich	1x im Jahr
Punkte	5	4	3	2	1	0,5
Haushalt						
Küche aufräumen						
Oberflächen Küche reinigen						
Spülen / Geschirrspüler einräumen						
Geschirr aufräumen						
Wocheneinkauf						
Blumen / Pflanzen gießen						
Biomüll						
Papiermüll zerkleinern und wegbringen						
Altglas wegbringen						
Müll rausbringen						
Neue Mülltüte in den Mülleimer						

Aufgaben	täglich	2x pro Woche	1x pro Woche	alle 2 Wochen	Viertel-jährlich	1x im Jahr
Punkte	5	4	3	2	1	0,5
Grundordnung herstellen						
Staub saugen						
Wischen						
Bad putzen						
Backofen reinigen						
Abflüsse reinigen						
Fenster putzen						
Staub wischen						
Reparaturen						
Geräte entkalken						
Sperrmüll entsorgen						
Kleidung reparieren						
Kleidung zur Reinigung bringen						
Kleidung von Reinigung abholen						
Schmutzwäsche sortieren						
Wäsche waschen						
Wäsche aufhängen / in den Trockner						
Wäsche falten						

Aufgaben	täglich	2x pro Woche	1x pro Woche	alle 2 Wochen	Viertel-jährlich	1x im Jahr
Punkte	5	4	3	2	1	0,5
Wäsche aufräumen						
Bügeln						
Schuhe zum Schuster bringen						
Dekorieren						
Garten / Balkon sauber halten						
Rasen mähen						
Gießen						
Care-Arbeit						
Kochen						
Tisch decken						
Frühstück machen						
Brotboxen packen						
Anziehen						
Kinderkleidung aussortieren / weiter-geben / verkaufen						
Taschen packen (Ausflug, Hobbys)						
Taschen wieder auspacken						

Aufgaben	täglich	2x pro Woche	1x pro Woche	alle 2 Wochen	Viertel-jährlich	1x im Jahr
Punkte	5	4	3	2	1	0,5
Kind/er in die Betreuung bringen						
Kind/er aus der Betreuung abholen						
Hausaufgaben betreuen						
Wechselklamotten im Blick haben						
Extra-Erledigungen für Kita / Schule						
Ämterpflege						
Elternabende						
Nachmittagsprogramm						
Spielverabredungen organisieren						
Abendritual (Zähneputzen, Geschichte vorlesen)						
Haare kämmen						
Baden						
Fuß- und Fingernägel schneiden						
Ins Bett bringen						
Nachtschichten						
Pflege bei Krankheit						

Aufgaben	täglich	2x pro Woche	1x pro Woche	alle 2 Wochen	Viertel-jährlich	1x im Jahr
Punkte	5	4	3	2	1	0,5
Mental Load						
Arzttermine						
Paartermine						
Treffen mit Freunden / Verwandten organisieren						
Geburtstag organisieren						
Geschenke / Karten / Blumen für andere kaufen						
Einkaufsliste pflegen						
Drogerie-Einkaufsliste						
Kinderkleidung im Blick haben (Größen, Wetter)						
Kinderschuhe im Blick haben (Größen, Wetter)						
Kalender im Blick haben						
Babysitter koordinieren						
Haushaltshilfe koordinieren						
Wochenend-Programm recherchieren und planen						
Urlaub recherchieren und planen						

Aufgaben	täglich	2x pro Woche	1x pro Woche	alle 2 Wochen	Viertel-jährlich	1x im Jahr
Punkte	5	4	3	2	1	0,5
Auto / Fahrrad						
Auto sauber halten						
TÜV						
Tanken						
Autoreparaturen						
Fahrräder instand halten						
Helm: Größen prüfen / neu kaufen						
Fahrradreparaturen						
Kinderwagen sauber halten						
Babytragen waschen						

Checkliste der geschlechtsspezifischen Idealvorstellungen

In uns allen schlummern Glaubenssätze und Annahmen, die wir oft gar nicht bewusst wahrnehmen. Wenn man sich aber mal ganz konkret mit ihnen auseinandersetzt, merkt man – huch! –, dass wir noch ziemlich viel Arbeit vor uns haben. Welche Aussagen oder Fragen kannst du mit Ja beantworten, beziehungsweise bei wie vielen Aussagen stimmst du zu?

	Ja	Nein
Glaubst du, dass Mütter einfach den besseren Instinkt für die Bedürfnisse ihrer Kinder haben?		
Eine gute Mutter hat die Organisation des Haushalts im Griff.		
Wenn es bei Freunden zu Hause unordentlich aussieht, machst du insgeheim die Frau des Hauses dafür verantwortlich?		
Mama ist der Boss zu Hause!		
Hast du ein schlechtes Gewissen, wenn dein Kind sagt, Mama arbeitet viel?		
Kannte und kenne ich Familien, in denen die Mutter nicht die traditionellen Rollen erfüllt?		
Eine gute Mama spielt jeden Tag mit ihren Kindern, oder?		
Bin ich meinem Partner dankbar, wenn er sich an der Erziehungs- und Familienarbeit beteiligt?		
Habe ich ein schlechtes Gewissen, wenn das Kind fernab der Familie betreut wird?		
Glaubst du, dass Mamas Superkräfte haben?		
Ist Erschöpft-Sein für dich ganz normal?		

	Ja	Nein
Eine gute Mutter verhält sich ihren Kindern gegenüber immer ausgeglichen und verständnisvoll, richtig?		
Eine liebende Mama opfert sich für ihre Kinder auf.		
Teilzeit zu arbeiten und sich beruflich zurückzunehmen ist für Frauen, die Mama werden, ganz normal.		
Mütter wissen es einfach meistens besser!		
Väter können ohnehin erst etwas mit den Kindern anfangen, wenn diese circa drei Jahre alt sind.		
Ein guter Vater vermittelt dem Kind Stärke und Durchsetzungsvermögen.		
Papas sind zwar weniger da, aber dafür können sie viel verrückter und ausgelassener mit den Kids spielen!		
Väter sind einfach die entspannteren Elternteile!		
Glaubst du, für Väter ist der berufliche Erfolg wichtiger als für Mütter?		
Findest du es klasse, wenn Väter auch mal auf ihre Kinder aufpassen?		
Väter sind die Versorger in der Familie, das ist ihre Hauptverantwortung.		
Väter, die zu Hause die Küche saubermachen, sind für ihre Frauen weniger sexuell attraktiv.		
Ist es „unmännlich“, wenn Papas für ihr Baby Brei kochen?		
Wenn Väter ihre Familie nicht alleine ernähren können, versagen sie.		

Auswertung: Ihr ahnt es schon, dort wo ihr mit Ja geantwortet habt, gibt es einen Glaubenssatz, über den ihr mal nachdenken solltet.

Der Papa-Test

Wie involviert bist du wirklich zu Hause? Wenn Papa mehr als sechs der insgesamt 14 Fragen nicht mit „Ja“ beantworten kann, sollte er noch mal in sich gehen, und ihr als Paar solltet vielleicht noch mal über eine gerechtere Aufteilung sprechen.

	Ja	Nein
Weißt du, wann die nächste U-Untersuchung eures Kindes beim Kinderarzt ist?		
Habt ihr noch genug Windeln zu Hause?		
Weißt du den Namen des Lieblingserziehers/der Lieblingserzieherin oder des Lieblingslehrers, der Lieblingslehrerin des Kindes?		
Kennst du den Namen des besten Freundes oder der besten Freundin des Kindes?		
Weißt du die Schuh- und Kleidergröße eures Kindes?		
Erinnerst du dich, wann die Betten das letzte Mal bezogen wurden?		
Gibt es noch Gemüsebrühe zu Hause?		
Hast du ein Amt in der Schule oder in der Kita übernommen?		
Sorgst du mindestens dreimal die Woche fürs Abendessen?		
Wann hast du das letzte Mal die Finger- und Fußnägel deines Kindes geschnitten?		
Bringst du mindestens zwei- bis dreimal in der Woche das Kind ins Bett?		
Weißt du, womit sich dein Kind gerade am liebsten beschäftigt?		
Als deine Partnerin das letzte Mal krank war, konnte sie da im Bett liegen bleiben?		
Hast du mehr als zwei Monate Elternzeit genommen (oder hast du das vor)?		

FAZIT

Vielleicht geht es euch jetzt so, dass ihr denkt: „Wow, alles ganz schön viel!“ Vielleicht merkt ihr aber auch, dass es gar nicht so einfach ist, Konzepte wie Mental Load wieder zu vergessen. Immerhin geht es hier um unseren Alltag, und wenn sich der Blick erst einmal geschärft hat, dann fällt es schwer, unsichtbare Arbeiten und mentale To-do-Listen als selbstverständlich anzusehen oder zu verdrängen – genauso wie den Wunsch danach, diese Last zu teilen.

Eines ist uns sehr, sehr wichtig: Wir wollen niemandem Konzepte und Ideen überstülpen, weil wir zu meinen glauben, es gäbe den einen, richtigen Weg. Dieses Buch ist voller Hinweise und Tipps, die man annehmen kann. Es gibt aber nicht die eine klare Anleitung für Gleichberechtigung. Letztendlich liegt es an euch, wie ihr euer Leben planen wollt. Zudem verläuft dieses nie geradlinig. Vielleicht strukturiert ihr euren Alltag eine Zeit lang recht konservativ, schafft es dann aber wieder, das Ruder herumzureißen und eine fairere Aufteilung zu schaffen. Vielleicht wollt ihr eure Rollen auch regelmäßig umkehren – alles, was sich für euch gerecht anfühlt, ist erlaubt. Wichtig ist dafür lediglich, immer im Gespräch zu bleiben, was ohnehin ein guter Tipp für eine glückliche Partnerschaft ist.

Und wir wollen auch noch einmal unterstreichen: Gleichberechtigung heißt nicht, dass immer alles zwangsweise fifty-fifty aufgeteilt sein muss! Manchmal hat der eine mehr zu arbeiten, und der andere übernimmt mehr Arbeiten im Haushalt und in der Kinderbetreuung.

Wichtig ist einfach nur, dass es abgesprochen ist und dass man sich abwechselt, dass jeder dem anderen immer die Chance gibt, sich weiterzuentwickeln. Dass man die Wünsche und Bedürfnisse des anderen respektiert und ernst nimmt. Wir wollen auch nicht zum Geschlechterkampf aufrufen. Wir glauben, dass Veränderung auch mal unbequem sein kann, aber es sollte immer ein „Miteinander" sein. Denn im Idealfall geht es beiden Elternteilen in der Gleichberechtigung besser – und diesen Zustand kann man nur zusammen erarbeiten.

Denn gleichberechtigt sein, das ist Arbeit! Wenn man diese nicht macht, dann rutscht man sehr schnell in ein traditionelles Lebensmodell – selbst, wenn man das nie wollte. Wir sind diesen Weg über Umwege beide mit unseren Partnern gegangen. Vor einigen Jahren gab es noch gar keine Begriffe wie Mental Load oder emotionale Arbeit. Aber für uns hat sich dieser Weg auch ohne Namen immer richtig angefühlt. Wir sind als Gesellschaft schon weit gekommen, dass es für diese Dinge nun auch eine Bezeichnung gibt. Jetzt heißt es darüber zu reden und aktiv zu werden. Bezieht euren Freundeskreis mit ein, sprecht das Thema an. Seid Vorreiter!

Wichtig ist dabei aber immer, das Schöne nicht aus den Augen zu verlieren. Kinder zu haben ist anstrengend, ja, aber es macht auch wahnsinnig viel Spaß. Es ist bei Weitem nicht alles Arbeit, was mit Familie zu tun hat. Veränderungen brauchen Zeit. Stresst euch nicht. Stresst eure Partner nicht. Am Ende wird alles gut, und wenn es noch nicht gut ist, ist es noch nicht das Ende. Sagt man doch so, oder?

QUELLENANGABEN

Hier findet ihr alphabetisch sortiert alle Quellenangaben zu den zitierten Autoren und Autorinnen, ihren Artikeln, Büchern und Blogeinträgen sowie zitierte Studien.

Akrap, Doris:
https://taz.de/Pro-und-Contra-Haushaltshilfe/!5433583/

Amerikanische Studie:
https://www.nytimes.com/2020/04/17/parenting/paternity-leave.html

Bindungshormon Oxytocin:
https://www.mpg.de/10329354/oxytocin-schmerzlinderung
https://www.sciencedirect.com/science/article/abs/pii/S0006322310001204

Baum, Antonia: „Stillleben“

Bücker, Teresa:
https://sz-magazin.sueddeutsche.de/freie-radikale-die-ideenkolumne/gleichberechtigung-haushalt-pflege-88262

Cammarata, Patricia: „Raus aus der Mental Load Falle“
dasnuf.de

Care-Arbeit:
https://www.bpb.de/politik/innenpolitik/care-arbeit

Elmlid, Malin: „Dein Mutterpass“

Emma:
https://english.emmaclit.com/2017/05/20/you-shouldve-asked/

Equal Care Day:
https://www.zeit.de/arbeit/2020-02/equal-care-day-hausarbeit-fuersorgearbeit/seite-2

Fröhlich, Laura:
„Die Frau fürs Leben ist nicht das Mädchen für alles“

Hartley, Gemma: „Es reicht“
https://www.nytimes.com/2018/05/05/podcasts/listen-to-dear-sugars-the-invisible-work-most-women-do-with-gemma-hartley.html

Hein, Jakob:
https://www.morgenpost.de/vermischtes/article210660453/Wenn-Mama-sich-mal-wieder-alleinerziehend-fuehlt-trotz-Mann.html

Hormonhaushalt von Männern:
https://www.pnas.org/content/pnas/early/2011/09/02/1105403108.full.pdf

Institut für Demoskopie Allensbach:
https://www.ifd-allensbach.de/fileadmin/IfD/sonstige_pdfs/BdF_Studie_Sandwich.pdf

Klaar, Helene:
https://sz-magazin.sueddeutsche.de/liebe-und-partnerschaft/im-gesetz-steht-von-liebe-kein-wort-82190

König, Jochen:
https://fuckermothers.wordpress.com/2013/03/22/5050-bedeutet-nicht-die-auflosung-aller-ungerechtigkeiten/
https://jochenkoenig.net/2017/01/20/maternal-gatekeeping/

Lohn- und Einkommensrechner des Bundesministeriums der Finanzen:
www.bmf-steuerrechner.de

Lütkehaus, Isabell u. Thomas Matthäus: „Guter Umgang für Eltern und Kinder“

Maternal Gatekeeping:
https://www.sueddeutsche.de/leben/familie-und-partnerschaft-maternal-gatekeeping-ich-mach-das-schon-1.3202540-0

Mierau, Susanne: „Mutter Sein“

Mikrozensus 2017:
https://www.destatis.de/DE/Themen/Gesellschaft-Umwelt/Bevoelkerung/Haushalte-Familien/Publikationen/Downloads-Haushalte/haushalte-familien-2010300177004.pdf?__blob=publicationFile&v=4

Minijob-Zentrale:
https://www.minijob-zentrale.de/DE/01_minijobs/03_haushalt/03_infos_fuer_arbeitgeber/02_so_einfach_melde_ich_meine_hh_an/node.html

Nguyen-Kim, Mai Thi:
https://www.youtube.com/watch?v=TkkHKU_lLqU

Perkusic, Dorothea:
https://dorothea-perkusic.de/

Runge, Sandra: „Don't Worry, be Mami"
www.smart-mama.de

Schipperges, Ines:
https://www.zeit.de/arbeit/2019-04/vereinbarkeit-familie-beruf-teilzeit-vollzeit-kindererziehung

Schwedische Studie:
https://www.nytimes.com/2019/06/04/upshot/sweden-finds-a-simple-way-to-improve-new-mothers-health-it-involves-fathers.html

Sick, Helma u. Renate Schmidt: „Ein Mann ist keine Altersvorsorge"

Studie des Familienministeriums:
https://www.bmfsfj.de/blob/115580/5a9685148523d2a4ef12258d060528cd/maenner-perspektiven-auf-dem-weg-zu-mehr-gleichstellung-data.pdf

Tazi-Preve, Mariam Irene:
https://www.sueddeutsche.de/leben/expertengespraech-das-ende-der-kleinfamilie-1.3722092-0#seite-2

Väterreport des Bundesministeriums für Familie, Senioren, Frauen und Jugend aus dem Jahr 2018:
https://www.bmfsfj.de/bmfsfj/service/publikationen/vaeterreport/112722

DANKSAGUNG

Natürlich hätten wir dieses Buch niemals ohne Hilfe auf die Beine stellen können.

Danke an Tobias und Roddy.

Danke an unser Little-Years-Team und insbesondere an Sarah Borufka, die bei der Finalisierung unersetzlich war.

Danke an unsere Little-Years-Leserinnen – ohne euer Feedback, eure Geschichten und, ja, auch eure Kritik gäbe es dieses Buch nicht.

Danke an all unsere Freunde und Freundinnen, die uns immer wieder von ihren persönlichen Gleichberechtigungs-Geschichten berichten und so viel zur Inspiration beitragen!

Danke an unsere Lektorin Berit Lina Barth.

Danke an alle, die ganz konkret zu diesem Buch beigetragen haben, unter anderem waren das: Sandra Runge, Jochen König, Patricia Cammarata, Dorothea Perkusic, Dr. Isabell Lütkehaus, Susanne & Caspar Mierau, Helma Sick, Alexandra Zykunov, Hanna und Martin Drechsler, Mariam Irene Tazi-Preve, Teresa Bücker, Laura Fröhlich, Malin Elmlid und Caroline Rosales.

Und natürlich danke an Quinn, Junio, Samuel und Xaver.

Bibliografische Information der Deutschen Nationalbibliothek
Die Deutsche Nationalbibliothek verzeichnet diese Publikation in der deutschen Nationalbibliografie; detaillierte bibliografische Daten sind im Internet über https://dnb.de abrufbar.

ISBN 978-3-8426-1641-7 (Print)
ISBN 978-3-8426-1642-4 (PDF)
ISBN 978-3-8426-1643-1 (EPUB)

Originalausgabe

Die Ratgebermarke der Schlüterschen Verlagsgesellschaft mbH & Co. KG
Hans-Böckler-Allee 7, 30173 Hannover
www.humboldt.de
www.schluetersche.de

Aus Gründen der besseren Lesbarkeit wurde in diesem Buch teilweise die weibliche oder männliche Form gewählt, nichtsdestoweniger beziehen sich Personenbezeichnungen gleichermaßen auf Angehörige des männlichen und weiblichen Geschlechts sowie auf Menschen, die sich keinem Geschlecht zugehörig fühlen.

Autorinnen und Verlag haben dieses Buch sorgfältig erstellt und geprüft. Für eventuelle Fehler kann dennoch keine Gewähr übernommen werden. Weder Autorinnen noch Verlag können für eventuelle Nachteile oder Schäden, die aus in diesem Buch vorgestellten Erfahrungen, Meinungen, Studien, Methoden und praktischen Hinweisen resultieren, eine Haftung übernehmen.

Lektorat: Berit Lina Barth, Mössingen
Covergestaltung: ZERO, München
Covermotiv und Illustrationen Innenteil: Shutterstock.com (GoodStudio, Naumova Marina, TRUNCUS, musbila)
Satz: PER MEDIEN & MARKETING GmbH, Braunschweig
Druck und Bindung: gutenberg beuys feindruckerei GmbH, Langenhagen